JÖRG BERNARDY

Der kleine Alltagsstoiker

10
Gelassenheitsregeln
fürs Lebensglück

INHALT

IM LEBEN FEST VERWURZELT

»Was wunderst du dich also, dass tüchtige Menschen vom Schicksal hin und her gestoßen werden, um sie zu kräftigen; erst dann wurzelt ein Baum fest und wird stark, wenn ihn der Wind oft schüttelt; gerade durch diese Erschütterung strafft er sich im Innern und senkt die Wurzeln tiefer in den Boden.«

(Seneca)

Gelassen durch den Alltag, wer will das nicht? Gelassenheit ist jedoch nichts, was wir einmal erreichen und dann für immer behalten. Wir müssen sie jeden Tag aufs Neue für uns gewinnen und manchmal auch neu entdecken. Kaum eine Philosophie hat sich so sehr damit beschäftigt wie der Stoizismus. Die Stoiker sind berühmt für ihr beständiges Bemühen um mehr Gelassenheit und innere Stärke. Aber Vorsicht: Ziel ist nicht Gelassenheit um der Gelassenheit willen. Vielmehr erwächst aus dem Streben nach einem guten und erfüllten Leben eine Haltung der Gelassenheit.

Die zehn Gelassenheitsregeln in diesem Buch sind wie Wurzeln, die uns widerstandsfähiger und zufriedener machen. Jedes Kapitel verleiht Halt und Orientierung in unserem Streben nach Glück und innerer Ruhe, ebenso Widerstandskraft für Rückschläge. Und zahlreiche Impulse fördern unsere Willenskraft.

Ich wünsche Ihnen nun viel Freude und Heiterkeit beim Entwickeln und Erproben einer gelassenen Haltung.

στοά

WAS UNS DIE STOIKER HEUTE NOCH ZU SAGEN HABEN

»Was ist deine Berufung? Ein guter Mensch zu sein.«

(Marc Aurel)

MEIN WEG ZUR STOA

»Du musst dir selbst vertrauen und glauben, dass du auf dem rechten Weg bist, unbeirrt durch die Fußstapfen anderer, die da kreuz und quer laufen.«

(Seneca)

In der Komödie »Kunst« der französischen Schriftstellerin Yasmina Reza geht es um drei Freunde, die sich allesamt in ihrer Midlife-Crisis befinden. Während sie an ihren charakterlichen Unterschieden verzweifeln, ergibt sich ein unterhaltsames Panorama ihrer Neurosen und problematischen Beziehungen. In skurrilen Szenen und Dialogen offenbaren sie nach und nach ihre persönlichen Macken, streiten sich und finden wieder zueinander. Kurz bevor der Streit so richtig eskaliert, empfiehlt der arrivierte Dermatologe Serge seinem Freund Marc das Buch »Vom glücklichen Leben«. »Lies Seneca«, sagt Serge, als Marc ihm gesteht: »Ich bin zu empfindlich, ich bin zu nervös … Mir fehlt einfach die Gelassenheit, wenn du so willst.« Ein Buch also gegen innere Unruhe? Dazu ein so altehrwürdiger Klassiker, der über 1800 Jahre alt ist? Wie soll der einem dabei helfen, mehr Gelassenheit zu erlangen?

Meine Lehrerin am Gymnasium gab mir denselben Rat wie Serge seinem Freund Marc. Zur Vorbereitung auf meine Rolle in dem Stück »Kunst« sollte ich »Vom glücklichen Leben« lesen. Also besorgte ich mir die Reclam-Ausgabe und las mit 17 Jahren zum ersten Mal diesen berühmten und kurzweiligen Klassiker von Seneca. Ich muss gestehen, dass ich damals nicht viel verstand und auch nicht sonderlich viel damit anfangen konnte. Was mich jedoch ansprach und mir in Erinnerung blieb, war, was Seneca über die Natur eines Menschen schrieb: »Glücklich ist also ein Leben in Übereinstimmung mit der eigenen Natur.« Ein Gedanke, der mir sofort einleuchtete.

Natürlich soll jeder Mensch gemäß seiner eigenen Natur leben, dachte ich! Nur war mir nicht ganz klar, was Seneca mit »eigener Natur« meinte. Gemäß der Natur zu leben, das klang für mich groß und richtig, aber ich fragte mich: Was bedeutet denn hier Natur? Soll jeder Mensch gemäß einer individuellen inneren Natur leben oder ist eine allgemeine kosmische Natur gemeint, die für alle Menschen gleich gilt? Auf jeden Fall war ich damals angeregt, innerlich berührt und zugleich verwirrt durch das, was ich bei Seneca gelesen hatte.

Erkenntnis im Stadtpark

Ein paar Jahre später kam ich ein zweites Mal in den Genuss, »Vom glücklichen Leben« zu lesen. Ich ging damals regelmäßig in den Stadtpark, um mich für das bevorstehende große Latinum an der Universität zu Köln vorzubereiten. Und ich erinnere mich noch gut, dass mich Senecas Gedanken viel mehr interessierten als das Übersetzen der Texte. Was er über die eigene Natur und die Seelenruhe schrieb, erschloss sich mir nun viel mehr als in meiner Schultheaterzeit. Es ergab plötzlich Sinn, was er über das glückliche Leben sagt. Meiner eigenen Natur zu folgen, hieß nichts anderes, als nach vernünftigen Prinzipien zu handeln, sich für Gutes einzusetzen und das alles so engagiert und angstfrei wie möglich. Besonders anziehend fand ich die

Idee, dass ein stoischer Umgang mit Rückschlägen, Lust und materiellen Dingen helfen kann, innere Ruhe zu finden.

Ich erkannte auch, dass Senecas Gedanken und Impulse – wie übrigens auch die anderer Stoiker – nicht einfach nur Theorie oder überliefertes Wissen darstellten, sondern für die praktische Anwendung gedacht waren. Es ging vor allem um Erfahrungen und um die Entwicklung einer inneren Haltung, die sich wiederum auf mein Verhalten und mein Leben auswirken. Auf dem Spiel stehen also nicht mehr und nicht weniger als das Glück und die Gesundheit der menschlichen Psyche, wozu unter anderem die Bereitschaft gehört, sich auch in schwierigen Momenten für die Geschenke des Glücks zu öffnen. Es waren diese Erkenntnisse, die ich bei meinen Streifzügen durch den Stadtpark verinnerlichte und die ich als 23-Jähriger in mein Herz schloss.

Zeitlose Weisheiten für das Leben

Aus heutiger Sicht stellen sich mir vor allem folgende Fragen: Wie kann es sein, dass Gedanken, die über 2000 Jahre alt sind, einen Menschen im 21. Jahrhundert so sehr beeindrucken können? Und was hat es damit auf sich, dass im Jahr 2020 eine Gruppe von Menschen unter dem Namen »New York City Stoics« in einem New Yorker Wolkenkratzer regelmäßige Treffen abhält? Gibt es etwa zeitlose Gedanken, die in jedem Jahrhundert gültig sind und daher auch immer wieder für den praktischen Gebrauch empfohlen werden, sei es im Herzen des Financial District von Manhattan oder in einem populären europäischen Theaterstück aus dem 20. Jahrhundert?

Vielleicht ist es ja genau das, was einen Klassiker ausmacht. Dass darin Gedanken, Gefühle und Erfahrungen ausgedrückt werden, in denen sich die Menschen auch heute noch wiederfinden. Dass darin ähnliche Fragen und Probleme vorkommen, wie sie uns auch heute umtreiben. So klagte zum Beispiel schon Seneca im alten Rom über zu viel Lärm, Unruhe und Stress, und er kritisierte die Schnelllebigkeit seiner Epoche. Höchste Zeit also, dass wir uns die Geschichte der Stoa ein wenig näher anschauen.

DAS GOLDENE ZEITALTER DER PHILOSOPHISCHEN LEBENSSCHULEN

»Untersuchen wir also, wie man es dahin bringen kann, dass der Geist immer seinen gleichen günstigen Gang geht, mit sich selbst zufrieden ist und seinen eigenen Zustand mit Wohlgefallen betrachtet.«

(Seneca)

Die ersten Stoiker trafen sich wahrscheinlich 300 Jahre v. Chr. auf dem Marktplatz von Athen. Mitten in der Öffentlichkeit tauschten sie sich über philosophische Fragen aus. Auf demselben Marktplatz hatte Sokrates 100 Jahre vorher mit seinen Schülern philosophiert. Athen stieg damals zur unumstrittenen Metropole auf, deren kultureller Glanz und Einfluss in die gesamte damals bekannte Welt ausstrahlte. Es war die kulturelle Blütezeit Athens und das goldene Zeitalter der griechischen Demokratie. Als Alexander der Große im Jahr 323 v. Chr. starb, hinterließ er den Griechen ein Weltreich. Wie die meisten philosophischen Schulen und Bewegungen in Griechenland sahen auch die Stoiker in Sokrates ein wichtiges Vorbild.

ERKENNE DICH SELBST!

Es ist wahrscheinlich der bekannteste Satz, der aus der griechischen Philosophie überliefert ist: »Erkenne dich selbst!« Ursprünglich in großen Buchstaben am Eingang des Apollon-Tempels in Delphi zu finden, wo das berühmte Orakel seine Weissagungen aussprach, geht die Inschrift bis heute um die Welt.

Sokrates, der von den Stoikern als erster intellektueller Popstar der Antike verehrt wurde, machte die Kunst der Selbsterkenntnis zu einem Dreh- und Angelpunkt seiner Philosophie. Er selbst bezeichnete seine Methode übrigens als Hebammenkunst, die der Wahrheit zur Geburt verhelfe. So wurde die Aufforderung »Erkenne dich selbst!« zu einem geflügelten Wort der Antike, das viele Denker und Philosophen bis heute inspiriert. Nicht zuletzt soll sich beispielsweise Sigmund Freud bei der Erfindung der Psychoanalyse am »Erkenne dich selbst!« und an der sokratischen Methode orientiert haben. Besonderen Kultstatus erhielt die Aufforderung jedoch im alten Rom, wo man sie auf Hauswände geschrieben wiederfand.

In Athen entstand damals eine bis dahin ungekannte Fülle an neuen Ideen und Büchern, die unter den gebildeten Griechen zirkulierten und gelesen wurden. Philosophen und Intellektuelle wurden zunehmend von einer breiten Öffentlichkeit respektiert und erfreuten sich einer großen Beliebtheit. Verwöhnt von wirtschaftlichem Erfolg und wachsendem Wohlstand, entdeckte die griechische Gesellschaft in dieser Zeit für sich die Idee eines globalen Weltbürgertums. Die Verkehrs- und Kultursprache in der antiken Welt war Griechisch. Das Denken der griechischen Gesellschaft war kosmopolitisch. Der rege Austausch und Kontakt mit anderen Kulturen und Ländern war ein wichtiger Motor für ihre kulturelle Vorherrschaft. Unter diesen Vorzeichen entwickelte sich die griechische Kultur- und Handelsmacht zu einer der liberalsten und angesehensten Zivilisationen ihrer Zeit. Daher verwundert es wohl kaum, dass gerade in dieser Epoche die vier größten philosophischen Lebensschulen der griechischen Antike entstanden.

- Nach Sokrates' Tod gründet **Platon** im Jahr 387 v. Chr. seine Akademie in Athen.
- Platons berühmtester Schüler **Aristoteles** beginnt 334 v. Chr. seine Forschungs- und Lehrtätigkeit im Peripatos (deutsch »Wandelhalle«).
- Um 306 v. Chr. eröffnet der Philosoph **Epikur** seinen berühmten Garten (griechisch »Kepos«) am Rande von Athen.
- Die **Stoiker** treffen sich um 300 v. Chr. zum ersten Mal in der »bunten Säulenhalle« (griechisch »Stoa poikile«). Nach dieser Halle werden sie schließlich auch benannt, denn »Stoa« ist das griechische Wort für »Säulenhalle«.

Alle vier Schulen haben das Ziel, den Menschen in seinem Streben nach Glückseligkeit und Wissen zu unterstützen. Während Platon und Aristoteles eine stark wissenschaftlich-akademische Ausrichtung verfolgen, konzentrieren sich die Epikureer und Stoiker auf das alltägliche Leben.

Zenon von Kition (circa 333–261 v. Chr.), der Begründer der Stoa, soll angeblich über 20 Bücher geschrieben haben, die jedoch alle nicht mehr erhalten sind. Daher stammt unser gesamtes Wissen über ihn aus zweiter Hand. Das Überlieferte passt jedoch bestens in das Gesamtbild, das wir von der griechischen Gesellschaft aus dieser Zeit haben. Eine populäre Legende erzählt davon, wie Zenon bei einem Schiffsunglück all sein Hab und Gut verlor und sich daraufhin der Philosophie widmete. Viel wahrscheinlicher ist allerdings, dass der Wunsch nach griechischer Bildung eines der Hauptmotive war, warum er wie viele andere Zeitgenossen überhaupt nach Athen gereist war.

In einem seiner Bücher – es trug den Titel »Politeia« (deutsch »Der Staat«) – soll er sich radikal gegen die gesellschaftlichen Konventionen seiner Zeit ausgesprochen haben. In dieser politischen Utopie legt er seine Vorstellung eines idealen Staates dar und plädiert darin für die Abschaffung von Geld, Ehe, Tempeln, Schulen und geschlechtsspezifischer Kleidung. Man kann also an dieser Stelle nur vermuten, dass Zenon zur liberalen und weltoffenen Elite seiner Generation gehörte. Seit ihrem Beginn stand die Stoa hinter der Idee eines Weltbürgertums und trat für die Gleichheit aller Menschen ein. Wie übrigens bei den meisten anderen philosophischen Schulen waren auch bei den Stoikern Frauen und Sklaven willkommen.

ERFOLGSGESCHICHTE MIT MEHREREN BLÜTEZEITEN

»Etwas Edles ist es – den Blick auf die Kräfte nicht der eigenen Person, sondern der eigenen Natur gerichtet – einen Versuch zu wagen, Erhabenes in Angriff zu nehmen, im Geist größere Pläne zu fassen, als selbst mit gewaltiger Seelenstärke ausgestattete Menschen verwirklichen können.«

(Seneca)

Die Stoa hatte stolze 500 Jahre Bestand. Was schon ziemlich erstaunlich ist, wenn man bedenkt, dass in diesem Zeitraum die griechische Demokratie und die römische Republik zerfielen. Trotz dieser krisenhaften Umwälzungen erwiesen sich die Stoiker als höchst widerstandsfähig. Nur so konnte die stoische Lebensschule Aufstieg und Niedergang zweier hoch entwickelter Zivilisationen überdauern.

In der Forschung spricht man von der frühen, der mittleren und schließlich der jüngeren Stoa, die sich bis ins 2. Jahrhundert n. Chr. erstreckte. Den ultimativen Höhepunkt ihrer Blüte und Popularität erreichte die Stoa erst unter römischer Herrschaft. Im alten Rom galt sie als eine Art Staatsphilosophie. Doch ist die Stoa insgesamt eine einzige Erfolgsgeschichte, was ihre Wirkung und Verbreitung angeht. Im Laufe der Zeit weitete sie sich auf nahezu alle gesellschaftlichen Kreise im alten Griechenland und Rom aus. Nach Zenon folgte eine Reihe weiterer Stoiker, die die Tradition aktiv fortführten. Vom ehemaligen Sklaven über den reichen Geschäftsmann und Politiker bis zum römischen Kaiser waren unter den Stoikern alle Schichten vertreten. Ihre großen Vertreter heißen

- **Zenon** von Kition – Begründer der Stoa,
- **Chrysippos** von Soloi – einer der wichtigsten Stoiker im antiken Griechenland,
- **Seneca** – meistgelesener römischer Schriftsteller seiner Zeit,
- **Musonius Rufus** – einer der wichtigsten stoischen Lehrer im alten Rom zur Zeit von Kaiser Nero,
- **Epiktet** – Schüler von Rufus und ehemaliger Sklave,
- **Marc Aurel** – römischer Kaiser.

Eine ausführlichere Auflistung der wichtigsten Stoiker finden Sie übrigens im Anhang dieses Buches (ab Seite 232).

Der Stoiker und römische Kaiser Marc Aurel markiert zwei Endpunkte in der Geschichte Roms. Er ist der letzte der sogenannten »fünf guten Kaiser«, die dem römischen Imperium eine segensreiche Blütezeit bescheren. Sein Nachfolger und Sohn Commodus hingegen wird Sinnbild für Grausamkeit, Tyrannei und Cäsarenwahn – wie von Joaquin Phoenix in dem Film »Gladiator« dargestellt. Außerdem stirbt mit Marc Aurel einer der letzten großen und aktiven Vertreter der Stoa. Damit endet eine über 500 Jahre andauernde Tradition, und die Geschicke des Abendlandes gehen über in die Hände des Christentums. Der Einfluss des stoischen Denkens bleibt jedoch weit über Marc Aurels Tod hinaus bestehen. Nicht umsonst gilt der Stoizismus die letzten 1800 Jahre beinahe durchgängig als philosophischer Geheimtipp und findet bis heute viele Anhänger auf der ganzen Welt.

Kluge Ideen für ein gutes Leben

Besonders beliebt war die römische Stoa. Ihre wichtigsten Autoren sind Seneca, Epiktet und Marc Aurel, die nicht nur in philosophischen Seminaren und Geschichtsstunden behandelt werden, sondern deren Namen auch in Kalendern und auf Postkarten auftauchen. Anders als bei ihren griechischen Vordenkern sind viele ihrer Texte erhalten und prägen unsere Vorstellung des Stoizismus daher auf besondere Weise. Zu den bekanntesten Schriften gehören die Werke »Vom glücklichen Leben« (Seneca), die »Selbstbetrachtungen« (Marc Aurel) und das »Handbüchlein der Moral« (Epiktet). Als vielgelesene Klassiker und regelrechte Longseller zählen sie zur zeitlosen Weisheitsliteratur der europäischen Philosophie.

VOM DENKEN ZUM HANDELN

Ursprünglich besteht die Lehre der Stoa aus drei Disziplinen: das richtige Verständnis der Welt (Naturphilosophie), wahre Urteile (Logik) und richtiges Handeln (Ethik). In der Selbsterkenntnis läuft alles zusammen: das Wissen, wer wir sind, was das Universum ist, welchen Platz wir darin haben und was der Zweck unseres Lebens ist. Dahinter steht die Vorstellung der Stoiker, dass im Kosmos alles mit allem zusammenhängt, was sie »sympatheia« nennen. In dieser harmonischen Ordnung ist die Vernunft eine physikalische Kraft, die alles durchdringt.

Die Gedanken der römischen Stoiker erscheinen uns heute besonders vertraut, weil wir mit ihnen die jüngste und damit auch modernste Version des Stoizismus vorliegen haben. Vieles wirkt tatsächlich sehr aktuell: Wut galt beispielsweise als nicht erstrebenswert. Das damit zusammenhängende stoische Ideal der Selbstbeherrschung und Emotionsregulation erinnert in manchen Punkten an unsere heutige Achtsamkeitskultur. Immer wieder kreisen sie um die Frage, wie wir negativen Emotionen und Herausforderungen mit Gelassenheit begegnen können. Ich werde mich im weiteren Verlauf häufig auf die drei genannten Stoiker aus dem alten Rom beziehen, weil sie unserer Welt von heute am nächsten kommen.

DAS GLÜCK DES GUTEN MENSCHEN

*»So lange du lebst und so lange du kannst,
werde jetzt ein guter Mensch.«*

(Marc Aurel)

Müsste man die vielfältigen Gedanken und Lehren aller Stoiker auf einen Nenner bringen, dann wäre es der vielzitierte Satz von Seneca, der mich schon als Schüler beschäftigte: »Glücklich ist also ein Leben in Übereinstimmung mit der eigenen Natur.« Ähnlich wie den griechischen Philosophen Sokrates, Platon und Aristoteles geht es den Stoikern letztlich um ein erfülltes und gutes Leben. Dafür gibt es zwar keine Garantie. Eine aktive Lebensweise, klare Prinzipien und Regeln begünstigen es aber.

Drei wichtige Grundsätze der Stoiker

Die drei wesentlichen Einsichten oder Grundsätze der Stoiker, ohne die ein gutes und glückliches Leben nicht möglich ist, lauten folgendermaßen:

1. Der Mensch ist im Grunde gut! – Die Stoiker waren überzeugt davon, dass niemand absichtlich Schlechtes tut und im Grunde alle Menschen gut sind. Außerdem besitzen sie die Fähigkeit, ihren Charakter zu formen und Tugenden zu entwickeln. Die Stoiker meinen mit Tugenden Eigenschaften wie zum Beispiel Mut, Gelassenheit, Gerechtigkeit und Weisheit, sowie das praktische Wissen, wie wir diese Eigenschaften in uns ausbilden. Ein guter Charakter und das Erlernen der Tugenden sind die wichtigste Voraussetzung für ein glückliches Leben. Deswegen ist die Tugendhaftigkeit das höchste Gut. So wie die Welt von einem harmonischen und vernünftigen Prinzip durchdrungen ist, so ist der Mensch im Kern vernünftig und gut.

2. Nicht die Dinge selbst beunruhigen uns, sondern die Vorstellungen, die wir von ihnen haben! – Dieser berühmte Gedanke stammt von Epiktet, und vielleicht sind Sie ihm schon einmal begegnet. Tatsächlich kreisten viele Gedanken der Stoiker um folgende Fragen: Wie können wir verhindern, dass innere Unruhe, Ängste und Sorgen unser Leben beeinträchtigen? Wie soll man sich gegenüber Tod und Schmerz verhalten, zumal beide unvermeidbar sind? Dabei vertraten die Stoiker eine ganz klare Position. Sie hielten es für ganz und gar unvernünftig, sich seinen Sorgen und Ängsten im Leben hinzugeben. Daher ging es immer wieder darum, die eigenen Wahrnehmungen und Gedanken zu überprüfen und zu erkennen, wie diese die Ängste und Sorgen vergrößern oder verkleinern. Letztlich ist der Stoizismus also der Versuch, mit der Macht des Geistes das eigene Erleben zu beeinflussen.

3. Es ist nicht entscheidend, was passiert, sondern wie ich damit umgehe! – Kaum eine Maxime ist moderner und somit näher an unserer heutigen Denkweise als diese. Nicht umsonst gelten einige Grundsätze der Stoa als Vorläufer der modernen Psychologie. Die stoische Philosophie gründet auf einer tiefen Einsicht in die Freiheit des Menschen. Wir können uns unser Schicksal nicht aussuchen, und vieles in unserem Leben liegt außerhalb unserer Kontrolle. Es liegt allerdings in unseren Händen, wie wir auf bestimmte Dinge, Ereignisse und Veränderungen in unserem Alltag reagieren. Genau diese Freiheit hat Seneca im Sinn, wenn er darüber schreibt, wie Menschen mit schwierigen Herausforderungen umgehen sollen: »Was auch kommt, sie sollen es für gut ansehen oder zum Guten wenden. Nicht darauf kommt es an, was man trägt, sondern wie man es trägt.« Vor allem die kognitive Verhaltenstherapie hat diesen Ansatz übernommen und daraus ihre Methoden entwickelt.

Die vier Tugenden der Stoiker

Tugenden sind für die Stoiker keine schwer erreichbaren Ideale, sondern Fähigkeiten, die wir erlernen können. Genauso betrachten sie Tugendhaftigkeit als eine Charaktereigenschaft, die man trainieren kann. Wie schon erwähnt sind die Stoiker in dieser Hinsicht ziemliche Hardliner. Ohne Tugend kein Glück. Kein gutes Leben ohne regelmäßiges Training. Heute sprechen wir daher auch von einer radikalen Tugendethik.

Tugend kommt von »Taugen« und »Tüchtigkeit«. In dem Begriff stecken zwei Ideen, die für die stoische Philosophie wesentlich sind: Tugend als menschliche Fähigkeit und die Idee des ständigen Bemühens. Ethik wiederum leitet sich aus dem altgriechischen Wort »etike« ab, was Gewohnheit bedeutet. Wir führen ein gutes und glückliches Leben, indem wir uns gute Gewohnheiten aneignen.

Zusammengefasst steht für die Stoiker jeder Mensch vor der gleichen Aufgabe: Es geht um die Fähigkeit, Tugenden und charakterliche Stärken zu entwickeln, sich immer wieder um gute Gewohnheiten zu bemühen und das Leben täglich nach diesen Maximen auszurichten. Das bedeutet für Marc Aurel, kurz gesagt, ein guter Mensch zu sein! Die vier wichtigsten Tugenden der Stoiker sind:

1. **Mut (oder Tapferkeit)** – die Fähigkeit, uns für das, was wir als gut und richtig erkannt haben, mit voller Kraft einzusetzen. Mut im Sinne der Stoiker bedeutet, sich unter allen Umständen an seine Prinzipien und an seine Ziele im Leben zu erinnern und in diesem Sinne das Richtige zu tun. Dazu gehört auch, sich der wesentlichen Prioritäten und eigenen Werte bewusst zu sein, auf deren Grundlage wir unsere Entscheidungen treffen.
2. **Gerechtigkeit (oder Fairness)** – die Fähigkeit, jeden Menschen, unabhängig von Status, Herkunft und Geschlecht, fair und freundlich zu behandeln. Es bedeutet, alle Menschen zu respektieren und ihnen das zukommen zu lassen, was sie zu einem menschenwürdigen Leben brauchen. Zum stoischen Tugendtraining gehörte daher auch das Entwickeln von Emotionen wie Freude, Güte und Freundlichkeit. Das Christentum

deutete übrigens später genau diese Tugend der Gerechtigkeit als Nächstenliebe!

3. Gelassenheit (oder Mäßigung) – die Fähigkeit, in allen Bereichen des Lebens das eigene gesunde Maß zu finden. Die Stoiker zählten Selbstkontrolle und Selbstbeherrschung in allen Lebenslagen zu einem ihrer wichtigsten Ziele. Die stoischen Ideale hierbei lauten Pflichterfüllung, Bescheidenheit und eine maßvolle Haltung in Bezug auf materiellen Konsum.

4. Praktische Weisheit (oder Klugheit) – die Fähigkeit, Dinge richtig einzuschätzen, Wichtiges vom Unwichtigen unterscheiden zu können und auch in komplexen Situationen kluge Entscheidungen zu treffen. Praktische Weisheit hilft, bei schwierigen Herausforderungen die innere Ruhe zu bewahren und besonnen zu handeln. Dazu gehören auch der richtige Umgang mit dem Tod und die Fähigkeit, das Leben nicht zu schwer zu nehmen.

Mit Tugenden durch den Alltag und durch Krisen

»Es sind die Schwierigkeiten, die das wahre Selbst zum Vorschein bringen« lautet ein Zitat, das dem Stoiker Epiktet zugeschrieben wird. Auch dieser Gedanke klingt für unsere modernen Ohren überhaupt nicht fremd. Ganz im Gegenteil: »In der Krise beweist sich der Charakter«, soll der ehemalige Bundeskanzler Helmut Schmidt einmal gesagt haben. War er möglicherweise ein heimlicher Stoiker? In einem Zeitungsartikel von 2015 jedenfalls bezeichnete er Marc Aurel als sein Vorbild und beschrieb seine Verehrung für den römischen Kaiser mit folgenden Worten: »Mit fünfzehn Jahren bekam ich die ›Selbstbetrachtungen‹ des Marc Aurel geschenkt. Das Buch hat mich in schweren Stunden geleitet, vom RAF-Terror bis zur Nachrüstung.« Dabei faszinierten ihn laut eigener Angabe vor allem zwei Tugenden: innere Gelassenheit und bedingungslose Pflichterfüllung.

Bei der Erforschung und Stärkung des menschlichen Geistes legen die Stoiker großen Wert auf praktische Übungen. Sie grenzen sich von den akademischen Schulen der Philosophen Platon und Aristoteles ab und stellen das individuelle Handeln in den Mittelpunkt. Ihre Ideen und Gedanken sollen einen Nutzen für das alltägliche Leben haben. In der Stoa geht es um alltagstaugliche Handreichungen zur Lebensbewältigung und um eine Gebrauchsanweisung zum Glücklichsein. Oder wie Seneca in einem Brief an seinen Freund Lucilius schreibt: »Nicht auf Worten beruht die Philosophie, sondern auf Handlungen.« Die stoische Philosophie, sagt er weiter, »zeigt, was man tun und lassen muss«.

Aus heutiger Sicht würde man wahrscheinlich eher von einem Training für innere Ruhe, Widerstandskraft, Willensstärke und Gelassenheit sprechen. Allerdings waren diese praktischen und spirituellen Übungen für die Stoiker in ihr ganzheitliches Weltbild eingebunden. Mit ihrem konkreten Alltagsbezug stellt die stoische Philosophie das Menschsein in den Mittelpunkt. Eine ihrer wesentlichen Welterfahrungen ist die universelle Verbundenheit mit allen Menschen und mit dem gesamten Kosmos. Kein Wunder also, dass die Stoa im Laufe der Jahrhunderte zahlreiche Menschen inspiriert hat und ihr Einfluss bis in unsere Gegenwart hinein wirkt.

I

DAS WESEN DER SELBSTERKENNTNIS
Wie wir entdecken, wer wir sind

»Ein Mensch, der nicht weiß, was das Universum ist, weiß nicht, wo er lebt. Ein Mensch, der den Zweck seines Lebens nicht kennt, weiß nicht, wer er ist, und auch nicht, was das Universum ist. Ein Mensch, der eins dieser Dinge nicht weiß, kann auch nicht sagen, warum er existiert. Was soll man also mit Menschen machen, die die Anerkennung von jenen Menschen suchen, die nicht wissen, wo und wer sie sind?«

(Marc Aurel)

WIR ÜBERSCHÄTZEN UNSERE FÄHIGKEIT ZUR SELBSTERKENNTNIS

»Betrachte die ganze Natur, wovon du nur ein winziges Stücklein bist, und das ganze Zeitmaß, von welchem nur ein kurzer und kleiner Abschnitt dir zugewiesen ist, und das Schicksal, wovon das deinige nur einen Bruchteil bildet.«

(Marc Aurel)

In vielen Momenten unseres Alltags handeln wir im Autopiloten. Das heißt, wir denken nicht weiter darüber nach, warum wir etwas machen. Die Fragen, wer wir sind und welche Rolle wir im Universum einnehmen, sind dabei erst recht unwichtig. Oder wie würden Sie auf die Frage »Wer sind Sie?« antworten? Sicher nicht, indem Sie anfangen über Ihren Platz in der Weltordnung und im Kosmos zu philosophieren. Falls doch, sind Sie bereits stoischer, als Ihnen vielleicht bewusst ist. Der wahrscheinlichere Fall ist jedoch, dass das Universum eines der letzten Dinge ist, die uns bei der Frage »Wer bin ich?« in den Sinn kämen. Und im Autopiloten des Alltags zählt ohnehin nur, was wir gerade tun müssen oder wollen.

Wie also würde Ihre Antwort ausfallen, wenn Ihnen die Frage gestellt wird: »Wer sind Sie?« Nehmen Sie sich ein paar Momente, um darüber nachzudenken. Meine Vermutung: Sehr wahrscheinlich würden Sie Ihren Namen nennen, Ihren Beruf angeben und erzählen, woher Sie kommen. Möglicherweise würden Sie noch in zwei kurzen Sätzen Ihre Familienverhältnisse umreißen, ob Sie Single oder verheiratet sind, Kinder haben, alleinerziehend sind oder in einer Partnerschaft mit dem Status »kompliziert« oder »rundum zufrieden« leben. Viel mehr aber auch nicht. Womöglich wäre der Zusatz »kompliziert« schon zu privat, und überhaupt, inwiefern sagt er etwas darüber aus, wer wir sind? Diese Information gäbe vielmehr Aufschluss über unseren derzeitigen Gemüts- und Beziehungszustand.

Wir sind mehr als die Summe unserer Teile

Zurück zu der Frage: »Wer sind Sie?« Selbst wenn Sie eine Reihe von Charaktereigenschaften aufzählten, die Ihrer Meinung nach wesentlich für Sie sind, und wenn Sie darüber hinaus Ihren momentanen Gefühlszustand beschrieben, wäre für die Frage »Wer sind Sie?« immer noch nicht viel gewonnen. Wir können sie nicht so einfach aus dem Stand beantworten, ja, nicht einmal, wenn wir länger darüber nachdenken. Es bräuchte schon einen zehnbändigen Roman à la »Die Suche nach der verlorenen Zeit« von Marcel Proust, wenn wir den zahlreichen Facetten unseres Lebens und den unendlich vielen Empfindungen und Gefühlsregungen unseres Ichs auch nur annähernd gerecht werden wollten. Aber selbst dann würde die Beantwortung der Frage »Wer bin ich?« für die meisten von uns sehr persönlich und vor allem äußerst subjektiv ausfallen.

Uns Menschen aus dem 21. Jahrhundert erscheint das eine ganz normale Denk- und Vorgehensweise, die sich durch unsere gesamte Kultur zieht: Alles muss subjektiv, individuell und persönlich sein! Dieser Anspruch ist für uns so selbstverständlich, dass jede Form von Objektivität und universeller Wahrheit unvorstellbar geworden ist. Man könnte es auch so ausdrücken: Die alles dominierende subjektive Perspektive ist uns in Fleisch und Blut übergegangen. Wir hinterfragen sie nicht mehr. Es gibt jedoch gute Gründe, warum wir unserem Hang zu subjektiver Selbsterkenntnis skeptisch begegnen sollten. Unser subjektives Denken und Fühlen ist nämlich gar nicht dazu geeignet, dass wir erkennen, wer wir sind.

Wie wir die Selbsterforschungsillusion umgehen

Wer sich selbst um jeden Preis erkennen möchte, tappt womöglich in die Falle der Selbsterforschungsillusion. Gemeint ist damit die Annahme, wir könnten allein durch Gedankenkraft und Selbstbeobachtung unsere wahren Absichten, Neigungen und Lebensziele erkennen. Sprich: Unser wahres Selbst wäre uns vollkommen zugänglich, wenn wir nur lange und genau genug danach suchen. Doch das ist ein Irrtum. Denn wir machen dabei das zum Kompass, was alles andere als zuverlässig ist: unsere Gefühle. Auch wenn einige Menschen das Gegenteil behaupten und propagieren, man solle bei allen Entscheidungen einfach seinen Gefühlen, seiner Intuition oder seiner inneren Stimme folgen, hört sich das zwar sehr verlockend an, wird uns aber dennoch nicht an unser gewünschtes Ziel – also zu Selbsterkenntnis – bringen.

»Die Selbstbeobachtung unserer momentanen Empfindung (…) ist fehlerhaft, unzuverlässig und irreführend – nicht nur zufällig falsch, sondern massiv und stetig falsch«, gibt der US-amerikanische Psychologe Eric Schwitzgebel von der Universität Stanford unmissverständlich zu verstehen. Nimmt man die Erkenntnisse der Psychologie ernst, dann muss man einsehen: Kaum etwas ist anfälliger für Fehler, Missverständnisse und Irrtümer als unsere momentanen Empfindungen und Gefühle. Daher können wir durch ständige Selbsterforschung unseres Innenlebens auch niemals zu einer befriedigenden Antwort auf die Frage »Wer bin ich?« kommen.

Die Kunst der negativen Selbsterkenntnis

Die Stoiker wählen einen radikal andersartigen Weg, den man auch als Kunst der negativen Selbsterkenntnis bezeichnen könnte. Manchmal fällt es leichter zu sagen, wer wir nicht sind, als zu sagen, wer wir sind. Wir sind kein Hund, kein Tisch, kein Engel, kein Gott, keine Pflanze und auch kein Stoiker. Aber wir können wie ein Stoiker die Grenzen unseres Ichs erkennen und damit all das, was wir nicht sind. Wir leben zum Beispiel nicht unendlich, sondern unsere Existenz ist begrenzt, wir sind nicht unvergänglich, sondern vergänglich, wir haben nicht alle Freiheiten der Welt, sondern es gibt so etwas wie ein Schicksal, dem wir ausgeliefert sind. Der Tod, die Gefühle anderer, die Familie, in die wir geboren werden, Naturkatastrophen, Kriege und andere Krisen, all das entzieht sich unserem direkten Einfluss – und bestimmt genau dadurch über unser Glück oder eben Unglück.

Unsere Existenz wird aus stoischer Weltsicht also erst durch ihre Grenzen und ihre Begrenzung erkennbar, wie zum Beispiel die Einsicht, dass wir in das große Ganze des Universums eingebunden und vergänglich sind. Statt beim subjektiven Ich und dessen subjektiven Empfindungen anzufangen, geht es in der stoischen Selbsterkenntnis zunächst um die Grenzen und

Bedingungen der eigenen Existenz. Was hier zunächst etwas abstrakt und befremdlich für unsere modernen Ohren klingt, ist ganz konkret gemeint. Dafür muss man verstehen, wie die Stoiker ihre Welt gesehen haben. Für sie war alles im Universum auf harmonische Weise miteinander verbunden.

IMPULS: PLATZ SCHAFFEN FÜR DAS GROSSE GANZE IM ALLTAG!

Vermeiden Sie eine allzu subjektive und persönliche Bewertung Ihres Lebens, Ihrer Lebensumstände und Ihres Innenlebens. Nehmen Sie sich zwischendurch immer mal wieder Zeit, um das große Ganze in den Blick zu nehmen. Versuchen Sie die Grenzen Ihrer Existenz zu erforschen und machen Sie sich immer wieder bewusst, dass alles mit allem verbunden ist. Auch Sie sind ein Teil dieses Ganzen. Schaffen Sie in Ihrem Leben Platz für diese Erkenntnis und Erfahrung, indem Sie in der Natur spazieren gehen und mit fremden Menschen ein paar freundliche Worte wechseln. Indem Sie meditieren und sich ab und zu aus dem Alltagsstress ausklinken. Fokussieren Sie sich dabei nicht nur auf Ihr flüchtiges Ich, das in seinen Empfindungen und Regungen manchmal höchst schwankend, widersprüchlich und unberechenbar sein kann. Sie können sich ohnehin nicht vollständig durchleuchten und Ihre Selbsterkenntnis wird niemals vollkommen oder abgeschlossen sein.

»Alles ist wie durch ein heiliges Band miteinander verflochten. Nahezu nichts ist sich fremd«, schreibt der stoische Kaiser Marc Aurel in seinen »Selbstbetrachtungen«. »Alles Geschaffene ist einander beigeordnet und zielt auf die Harmonie derselben Welt.« Tatsächlich verbirgt sich hinter dieser zunächst harmlos und geradezu romantisch klingenden Vorstellung eine radikale Weltsicht. Das Universum ist für die Stoiker nicht einfach nur das Ergebnis chaotischer Willkür oder einer zufälligen Aneinanderreihung von beliebigen Ereignissen. Nein, das Universum beruht aus Stoikersicht auf einer höheren Ordnung, es wird durch und durch von vernünftigen Gesetzen und Prinzipien bestimmt. Letztlich ist alles, was in der Welt vorkommt, ein Produkt dieser unergründlichen und übermächtigen Harmonie, die durch alles wirkt.

Die Schattenseiten der harmonischen Welt

Die Corona-Krise ist ein Beispiel für die negative Auswirkung der von den Stoikern angenommenen höheren Ordnung, in der alles mit allem zusammenhängt. Sie zeigt, wie ein kleines Element eine Reihe von irreversiblen Ereignissen auslösen kann und dadurch die gesamte Weltordnung beeinflusst: Schmerzlich mussten wir am eigenen Leib erfahren, wie aus einem unglücklichen Kontakt zwischen Mensch und Tier heraus eine Seuche entsteht, die sich aufgrund einer durch und durch vernetzten Welt zu einer globalen Pandemie entwickelte. Die sozialen und wirtschaftlichen Maßnahmen zur Bekämpfung der Pandemie, wie etwa der Lockdown und die Unterstützungshilfen, führten wiederum zu einer weltweiten Rezession und Wirtschaftskrise.

DIE SCHICKSALSGÖTTIN FORTUNA

Das Schicksal spielt im Weltbild der Stoiker eine wesentliche Rolle. Sie benutzten dafür häufig die Figur der Fortuna, die als Glücks- und Schicksalsgöttin über Reichtum und Armut, Erfolg und Misserfolg, manchmal sogar über Leben und Tod entscheidet. Häufig wird sie mit einem Rad dargestellt, das sogenannte Glücksrad, an dem sie mit verbundenen Augen dreht. Wer oben auf dem Rad sitzt, erlebt Glück und Erfolg. Unten warten Unglück und Misserfolg. Niemand hat einen festen Platz. Es ist nur eine Frage der Zeit, bis man oben oder unten landet.
Fortuna war eine der bekanntesten und prominentesten Göttinnen in der antiken Welt. Selbst der ungebildetste Einwohner im Römischen Reich kannte sie. Bis heute macht sich ihr Einfluss in unserer Sprache bemerkbar, wenn wir zum Beispiel vom »Leben als Glücksspiel« sprechen oder »Jagd auf die Glücksgöttin« machen.

Ein anderes Beispiel für die globale Verflechtung ist der Klimawandel, der sich nicht nur lokal an einem Ort bemerkbar macht, sondern weltweit das Zusammenleben der Menschen verändert und letztlich auch gefährdet.

Vor diesem Hintergrund erscheint die Strategie der Stoiker genauso klug wie radikal. Statt sich in subjektiven Empfindungen und Vorstellungen zu verlieren, schauen sie sich ganz genau an, was uns als Menschen begrenzt und was sich größtenteils unserem Einfluss entzieht. Der Ausbruch und die Auswirkungen einer Pandemie zum Beispiel entziehen sich unserer persönlichen Kontrolle. Im stoischen Weltbild sind alle Menschen durch ihr Schicksal, ihre Vergänglichkeit, die Naturgesetze, ihren Charakter, ihre angeborenen Fähigkeiten und durch ihre Unzulänglichkeiten gleichzeitig eingeschränkt und miteinander verbunden.

DIE WELT UND WIR: ALLES IST IM WANDEL

»Versenke dich ganz in den Gedanken, wie alles Werdende durch Umwandlung entsteht, und gewöhne dich an die Einsicht, dass die Allnatur nichts so sehr liebt, als das, was da ist, zu verwandeln und Neues von ähnlicher Art zu schaffen; denn alles, was da ist, ist gewissermaßen der Keim dessen, was aus ihm werden soll.«

(Marc Aurel)

Es ist jedes Jahr das Gleiche: Nach einer kargen und langen Winterzeit fängt die Natur langsam an zu erwachen. Erst kommt hier und dort ein wenig Grün zum Vorschein. Zarte Knospen bilden sich und die Tage werden nach und nach ein paar Minuten länger. Die Veränderungen geschehen so langsam und sind so minimal, dass wir sie kaum wahrnehmen. Und dann geht plötzlich alles scheinbar ganz schnell. Die Sonne scheint stärker, die Farben leuchten intensiver, es ist warm und viel länger hell. Ganz so, als sei der Sommer über Nacht hereingebrochen.

Ein Grund für diese Wahrnehmung liegt in unserem Gehirn. Es ist so programmiert, dass es sich an leicht veränderte Umgebungen kontinuierlich und beinahe unmerklich gewöhnt. Denken Sie nur mal an Ihren täglichen Weg zur Arbeit oder an andere Strecken, die Sie regelmäßig zurücklegen. Damit Ihnen etwas auffällt, müssen es schon größere Veränderungen sein, etwa eine neue Baustelle. Das Gleiche gilt für Orte, die wir regelmäßig besuchen, seien es Bahnhöfe, Parkplätze, Kaufhäuser oder Cafés. Die meisten kleineren Veränderungen nehmen wir hin, ohne ihnen weitere Beachtung zu schenken. Dabei ist es sehr wahrscheinlich, dass sich diese Orte über die Jahre hinweg sogar sehr stark verändert haben.

Wir verändern uns stärker, als wir glauben

Nicht viel anders verhält es sich übrigens mit uns selbst und unserer Persönlichkeit. Weil wir tagtäglich mit uns zu tun haben, nehmen wir kleinere Veränderungen an unserer Persönlichkeit nur selten wahr. Versuchen Sie sich nur einmal vorzustellen, wer Sie vor 20 oder 30 Jahren waren. Denken Sie dabei nicht an Ihr Aussehen, an Ihren Wohnort oder Ihre Arbeit. Es geht um Ihre Charaktereigenschaften, Ihr Temperament, Ihre Werte und Ihre persönlichen Vorlieben. Vergleichen Sie Ihr heutiges Ich mit der Person, die Sie damals waren. Wie sehr haben Sie sich in den genannten Dingen und Eigenschaften verändert? Nur die wenigsten Menschen würden wahrscheinlich behaupten, dass sie eine komplett andere Person mit einem komplett anderen Charakter geworden sind. Aber die meisten Menschen stellen doch gewisse Unterschiede fest.

Nun eine Frage, die ich auch meinen Workshop-Teilnehmenden bei »The School of Life« (siehe Seite 238) immer wieder stelle: Wie stark werden Sie sich in den kommenden 20 Jahren verändern? Gerade im Zusammenhang mit der Frage nach vergangenen Veränderungen zeigen sich erstaunlich eindeutige Ergebnisse: Während die meisten Menschen rückblickend eine deutliche Veränderung an sich feststellen, glauben nur wenige, dass sie sich in Zukunft ähnlich stark verändern werden. Die überwältigende Mehrheit ist davon überzeugt, dass sie sich in den nächsten 20 Jahren viel weniger verändern wird als in den letzten 20 Jahren. Aber wie wahrscheinlich ist es, dass gerade jetzt unsere persönliche Entwicklung aufhören oder sich radikal verlangsamen sollte?

Warum wir der Vergangenheit mehr trauen als der Zukunft

Nicht selten erliegen wir einer falschen Vorstellung, die der Harvard-Psychologe Daniel Gilbert »End of History Illusion« nennt (auf Deutsch »Die Illusion vom Ende der Geschichte«). Denn eines steht fest: Wir werden uns in Zukunft ähnlich stark verändern wie in der Vergangenheit. Auch nach weiteren 20 Jahren werden wir eine andere Person sein mit anderen persönlichen Vorlieben, Werten und Eigenschaften.

Daniel Gilbert erfand eine genauso geniale wie einfache Methode, um zu beweisen, wie sehr wir uns mit unserer Selbsteinschätzung täuschen. Sein Experiment bestand aus zwei Fragen.

1. Wie hieß Ihre Lieblingsband vor zehn Jahren und wie viel würden Sie heute für ein Konzertticket zahlen?

2. Wie heißt Ihre aktuelle Lieblingsband und was wären Sie bereit, für ein Konzertticket in zehn Jahren zu zahlen?
Die Antworten auf diese zwei Fragen fallen höchst unterschiedlich aus. Die meisten Menschen würden für ihre aktuelle Lieblingsband in zehn Jahren weitaus mehr zahlen als für ihre damalige Lieblingsband heute. Dieser Unterschied belegt zwei Dinge gleichzeitig:

- Die meisten Menschen fällen solche Entscheidungen aus ihrem gegenwärtigen Bedürfnis heraus, die aktuelle Band auf einem Konzert zu erleben.
- Unsere Vorlieben verändern sich zwar im Laufe der Zeit, aber wir tendieren dazu, unseren aktuellen Entwicklungsstand als das Ende unserer Geschichte zu nehmen.

Die magische Grenze von 40 Jahren

Auch die folgende Frage stelle ich den Teilnehmern meiner Workshops immer wieder: Erleben Sie Ihr Selbst als eher feststehend und unveränderlich, oder glauben Sie, dass es flexibel und im Prinzip Ihr ganzes Leben lang veränderbar ist?

Unter den Antworten gibt es eine erstaunliche Tendenz im Hinblick auf Alter und Geschlecht der Teilnehmenden. Während die meisten bis ungefähr 40 Jahre meinen, dass ihr Selbst im Prinzip veränderbar sei, scheint es ab circa 40 Jahren eine magische Grenze zu geben. Teilnehmende ab diesem Alter und auffällig viele Männer geben an, dass ihr Selbst im Grunde eher feststehend und unveränderlich sei. Stelle ich dieselbe Frage zum Charakter, fallen die Antworten noch deutlicher aus. Allerdings bestätigen Hirnforschung und Psychologie immer wieder aufs Neue das Gegenteil. Unsere Gehirne und Persönlichkeiten sind veränderbar und entwickeln sich ein Leben lang. Laut Daniel Gilbert verändern wir uns sogar rasanter, als wir selbst glauben.

DIE WELT IST KOMPLEXER UND WIDERSPRÜCHLICHER, ALS WIR DENKEN

»Betrachte einmal die Dinge von einer anderen Seite, als du sie bisher sahst; denn das heißt ein neues Leben beginnen.«

(Marc Aurel)

Sehr wahrscheinlich erinnern Sie sich noch an die internationale Finanzkrise von 2008. »Wie konnte es passieren, dass niemand diese Krise vorhergesehen hat?«, lautet die unter Ökonomen legendär gewordene Frage, die Queen Elizabeth II. im November 2008 auf einer Veranstaltung der London School of Economics stellte. An diesem Tag hatte keiner der anwesenden Wirtschaftswissenschaftler eine passende Antwort darauf. Erst Monate später schickten 33 renommierte Professoren und Finanzexperten der britischen Königin einen Brief, in dem sie Folgendes erklärten: »Alles in allem, Eure Majestät«, so gaben sie zu, gebe es »ein Versagen der kollektiven Vorstellungskraft vieler kluger Menschen, sowohl in diesem Land als auch weltweit, die Risiken für das System als Ganzes richtig abschätzen zu können.«

Selbstverständlich lässt sich die Finanzkrise rückblickend erklären. Aber sie ist nicht auf eine einzige Ursache zurückzuführen, sondern auf ein komplexes Ursachenbündel. Dazu gehören lang- und mittelfristige Entwicklungen, die mit den tiefgreifenden Strukturen der Weltwirtschaft zu tun haben, aber auch kurzfristige Ereignisse wie fallende Immobilienpreise. Doch es ist mühsam und zeitaufwendig, die Zusammenhänge zu verstehen.

In Insider-Kreisen der Finanzbranche war damals das Bild der Party sehr beliebt, um die Krise zu erklären: Stellen Sie sich vor, alle nehmen an einer riesigen Party teil und feiern, und am Ende räumt niemand auf. Passiert das immer wieder, entsteht Chaos und man sieht irgendwann den Wald vor lauter Bäumen nicht mehr. Dieses Bild ist nicht nur eingängig und schlagartig überzeugend. Es ist auch ein gutes Beispiel dafür, dass wir einfache und kompakte Geschichten lieben.

Unser Gehirn liebt einfache Erklärungen

Nehmen wir als Beispiel den Untergang des Römischen Reiches. Wer sich überhaupt noch an seinen Geschichtsunterricht erinnert, wird wahrscheinlich auf die langwierigen Kriege mit den sogenannten Barbaren verweisen. Doch ganz so einfach war es nicht. Auch eine über Jahrzehnte andauernde Seuche und innenpolitische Konflikte haben ihren Teil dazu beigetragen. Oder andere Frage: Wie hat der Erste Weltkrieg begonnen? Die meisten von uns werden an dieser Stelle das Attentat auf den österreichisch-ungarischen Thronfolger am 28. Juni 1914 in Sarajevo nennen. Was auch nicht ganz falsch ist, aber auch nicht hundertprozentig richtig. Historiker werden Ihnen bestätigen, dass die

Lage damals komplexer und viel stärker von Zufällen durchdrungen war. Es gab zahlreiche Attentate in dieser Zeit, weit mehr als heute. Der Weltkrieg hätte also genauso gut früher, später, aus einem anderen Grund oder gar nicht ausbrechen können. Nur die kompakte Geschichte in unserem Kopf gaukelt uns diese Einfachheit vor. Was uns vor allem vor Augen führt: Das Zusammenspiel von Zufall und komplexen Zusammenhängen entzieht sich der einfachen Logik von Ursache und Wirkung. Weil Komplexität aber anstrengend ist und viel Energie verbraucht, scheut unser Gehirn allzu komplizierte Zusammenhänge und neigt automatisch zur Vereinfachung.

Wir stehen auf Geschichten

Wir könnten nun ewig so weitermachen und alles infrage stellen, was wir bisher zu wissen glaubten. Tatsache ist: Nicht alle Fragen lassen sich abschließend beantworten. Je tiefer man in die Geschichte eintaucht, desto mehr stellt man fest, dass es häufig keine einfachen Antworten gibt. Manches können wir erst im Nachhinein verstehen, mit ausreichend zeitlichem Abstand. Trotz unseres Bedürfnisses nach einfachen Antworten wird aber selbst dann vieles komplex bleiben.

Dennoch: Wir mögen nun mal lineare Geschichten, die einen Anfang und ein Ende haben. Ohne Widersprüche sollen sie sein und in sich stimmig. Und sie müssen einer kausalen Logik folgen, was konkret bedeutet: Jedes Ereignis muss eine Ursache haben und jede Ursache hat eine Wirkung. Es könnte alles so einfach sein, wäre da nicht die Realität. Denn unsere reale Welt ist komplexer und widersprüchlicher, als wir denken.

Das Gleiche gilt übrigens auch für unser Leben und unsere Persönlichkeit. Wenn also die Suche nach Ihrem Ich oder Selbst in eine geradlinige, in sich konsistente Biografie mündet, sollten Sie misstrauisch sein. Möglicherweise sind Sie weiter von sich selbst entfernt, als Ihnen lieb ist. Zu wirklicher Selbsterkenntnis gehört die Einsicht, dass die Dinge und auch unsere Persönlichkeit komplex und widersprüchlich sind und manche Fragen einfach offen bleiben.

IMPULS: ÜBER SICH SELBST HINAUSWACHSEN

Eine autobiografische Lebensgeschichte enthält immer mehr Versionen und Interpretationsmöglichkeiten, als wir denken. Legen Sie sich also nie auf allzu einfache Erklärungen fest – etwa eine schwierige Kindheit. Weder bei sich selbst noch bei anderen. Wenn Sie sich oder einen Mitmenschen das nächste Mal für etwas verurteilen, achten Sie darauf, ob Sie nicht einer vereinfachten Sichtweise erliegen. Gerade der zwischenmenschliche Bereich ist voller Missverständnisse. Es gibt Situationen, in denen Menschen schwierig sind oder erscheinen, ohne dass man dafür eine eindeutige Ursache angeben könnte. Wenn Sie es vermeiden, sich selbst auf einen Aspekt Ihrer Biografie zu reduzieren, können Sie die Grenzen Ihrer persönlichen Geschichte verlassen und über sich und Ihre Vergangenheit hinauswachsen.

DIE EIGENEN UNZULÄNGLICHKEITEN EINSEHEN

»Du musst dir selbst auf die Schliche kommen, bevor du dich läutern kannst.«

(Seneca)

Einzusehen, dass Persönlichkeit nichts Fertiges und Kompaktes ist, ist eine Sache. Wichtig im Zusammenhang mit Selbsterkenntnis ist aber auch, unsere Unzulänglichkeiten und dunklen Seiten zu erkennen und zu billigen. Sie können Ihnen zum Beispiel begegnen, wenn Sie »Mensch ärgere Dich nicht« spielen. Erinnern Sie sich an Ihre extremsten Gefühle und Reaktionen, die Sie während des Spielens durchlebten und bei Ihren Mitspielern beobachteten, also an Situationen, in denen Sie oder andere die Kontrolle verloren oder kurz davor waren, es zu tun. Wie fühlte es sich an, als Sie wütend, verärgert und missgünstig wurden? Wie war es, als Sie sich über Ihr Pech oder einen Mitspieler fürchterlich aufregten, als Sie die Fassung verloren und vielleicht sogar kindische Verhaltensweisen annahmen?

Psychologen sprechen von Regression, wenn Erwachsene in kindliche Verhaltensmuster zurückfallen. Besonders häufig geschieht das in emotionalen Ausnahmesituationen, bei einem explosiven Streit mit dem Partner, einer heftigen Auseinandersetzung mit den Kindern oder eben bei einem Gesellschaftsspiel wie »Mensch ärgere Dich nicht«. Alle genannten Beispiele sind imstande, das Schlimmste aus uns rauszuholen, was in uns steckt: Konkurrenzdenken, Ärger, Misstrauen, Missgunst, Wut und Aggression. Plötzlich ertappen wir uns dabei, wie wir andere übers Ohr hauen wollen oder ihnen nicht einmal mehr den kleinsten Vorteil gönnen.

IMPULS: SPIELERISCH DIE KONTROLLE VERLIEREN

- Setzen Sie sich mit Ihrer Familie oder mit Freunden zusammen und spielen Sie »Mensch ärgere Dich nicht«, »Risiko« oder »Monopoly«. Bei allen drei Spielen ist es beinahe unmöglich, gänzlich und wie gewohnt die Fassung zu wahren. Wenn Sie nur lange genug spielen, werden Sie und Ihre Mitspieler an die Grenzen Ihrer alltäglichen Gefühlswelt kommen. Dabei macht es keinen Unterschied, ob Sie verlieren oder gewinnen. In beiden Fällen werden starke Emotionen in Ihnen ausgelöst.
- Spielen Sie mehrere Runden, damit jeder in den Genuss des Verlierens und Gewinnens kommt, und seien Sie nicht überrascht, wenn Sie sich oder die anderen nicht mehr wiedererkennen. Genau dieser Effekt ist erwünscht, weil Sie in diesem Moment eine der angestrebten ungeliebten Wahrheiten erblicken.
- Spielen Sie zur Auflockerung zwischendurch oder hinterher ein paar Runden »Jenga«. Bei diesem heiteren Geschicklichkeitsspiel werden Sie wieder Leichtigkeit erfahren, gemeinsam lachen und sich miteinander verbunden fühlen.

Sich selbst auf die Schliche kommen

Natürlich sind »Mensch ärgere Dich nicht« oder auch »Risiko« und »Monopoly« nur Spiele mit ein paar einfachen Regeln – und eigentlich geht es am Ende um nichts oder zumindest nicht viel. Genau das macht sie aber zu einem perfekten Instrument, um sich selbst besser kennenzulernen. Denn kaum etwas bringt uns so schnell und wirksam mit uns selbst in Kontakt wie unsere dunklen Seiten. Dabei fällt es uns gar nicht so leicht, den nackten Tatsachen ehrlich ins Gesicht zu blicken. Psychologen kennen dieses Vermeidungsverhalten zur Genüge. Es ist ein klassischer Selbstbetrug, dem wir alle unterliegen. Denn unser Gehirn ist darum bemüht, unpassende Tatsachen schönzufärben oder auszublenden. Der Selbstbetrug ist der menschlichen Natur quasi als Software einprogrammiert. Und so fällt es niemandem leicht, seine Defizite, Niederlagen, Fehler und Widersprüche einfach so anzunehmen. Wir alle haben die Tendenz, unsere schlechten Eigenschaften zu überspielen und anders darzustellen, als sie wirklich sind. Was sich schon am Selbstbild unserer Wahl erkennen lässt: Am liebsten sehen wir uns selbst als gefasste und entspannte Persönlichkeiten, die sich und ihre Affekte im Griff haben. Dabei sind es gerade Momente des Kontrollverlusts, die uns erlauben, einen ehrlichen Blick auf uns selbst zu werfen.

Mut zur Unzulänglichkeit fördert die Selbsterkenntnis

Es klingt paradox, aber es sind all die Dinge, die wir nicht an uns mögen, die unsere Entwicklung auf besondere Weise anregen. Je ehrlicher wir zu uns sind, desto näher kommen wir uns und desto besser gelingt die Selbsterkenntnis. Eine der wichtigsten Schlüsselkompetenzen hierfür heißt: radikale Akzeptanz. Nur wer sich selbst realistisch sehen kann, mit all seinen Widersprüchen, Fehlern und dunklen Facetten, wird die Frage beantworten können, worin für ihn das gute Leben besteht, und Wege finden, sich dahin zu entwickeln.

Ein Leben ohne Selbsterkenntnis sei wertlos, meinte Sokrates. Nun, man muss es nicht so radikal ausdrücken wie er, allerdings waren sich auch die Stoiker in einer Sache einig: Wenn wir nicht wissen, wer wir sind, können wir auch nicht wissen, was wir brauchen und was gut für uns ist. Die Einsicht in die eigene Unzulänglichkeit ist daher auch nur der »Anfang der Genesung«, wie Seneca schreibt. Dieser Gedanke mag Sie zunächst beunruhigen, aber letztlich führt die Einsicht, unvollkommen zu sein, zu mehr Gelassenheit. Denn wir müssen dann keine Energie mehr darauf verschwenden, bestimmte Seiten abzuwehren und zu leugnen. Wir ersparen uns die Mühe, ein unrealistisches Selbstbild aufrechtzuerhalten.

Wir sollten die Erkenntnis unserer Unzulänglichkeiten und Fehler aber auch nicht übertreiben und nur noch unsere negativen Seiten erkunden. Auch hier gilt es – ganz im stoischen Sinne –, das richtige Maß zu finden. Überschätzen Sie aber vor allem nicht Ihre Fähigkeit zur Selbsterkenntnis. Diese wird gern überbewertet. Zusammengefasst können wir also festhalten: Die radikale Akzeptanz Ihrer Widersprüche und Unzulänglichkeiten wird Sie weiter bringen als jede ausufernde Innenschau, in der Sie sich und Ihre Gefühle vollständig durchleuchten, verstehen und interpretieren wollen.

AUF EINEN BLICK: SELBSTERKENNTNIS

- **Dem inneren Geschichtenerzähler misstrauen:** Vollständige Selbsterkenntnis ist eine Illusion und ein kompaktes, positives Selbstbild ebenso. Daher sollten wir unseren Hang zu Vereinfachung und Schönfärberei durchschauen und nicht alles glauben, was wir uns über uns erzählen.

- **Die eigene Begrenztheit anerkennen:** Selbsterkenntnis im stoischen Sinne beinhaltet, dass wir uns als Individuen nicht so wichtig nehmen und akzeptieren, dass wir Teil eines großen Ganzen sind, in dem alles mit allem zusammenhängt und alles einem ständigen Wandel unterliegt. Die Suche nach uns selbst ist eine Suche nach unserem Platz und unseren Aufgaben in diesem großen Ganzen.

- **Über sich selbst hinauswachsen:** Der Weg zur Selbsterkenntnis führt also über ein Selbstbild mit offenem Ende sowie die Erkenntnis dessen, was der Zweck unseres Lebens ist. Auf dieser Basis können wir uns verändern, wachsen und uns weiterentwickeln.

- **Die dunklen Seiten akzeptieren:** Nicht zuletzt führt der Weg zu uns selbst über unsere Fehler und schwierigen Eigenschaften. Ein ehrlicher, schonungsloser Blick ist hier gefragt. Je realistischer wir uns selbst sehen, desto mehr können wir zu der Person werden, die wir sein möchten.

II

DAS GEHEIMNIS DER INNEREN RUHE
Wie wir lernen, unsere Gefühle zu beherrschen

»Wer auf diese Weise gefestigt ist, den begleiten mit unausweichlicher Notwendigkeit eine beständige Heiterkeit und eine tiefe, aus der Tiefe kommende Freude, da er das Seine genießt und Größeres als das, was ihm gehört, nicht begehrt.«

(Seneca)

INNERE RUHE UND HEITERKEIT SIND NEBENWIRKUNGEN DES GUTEN LEBENS

»Verlange nicht, dass das, was geschieht, so geschieht, wie du es wünschst, sondern wünsche, dass es so geschieht, wie es geschieht, und dein Leben wird heiter dahinströmen.«

(Epiktet)

Der Philosoph Platon hat unseren Kopf einmal als Vogelhaus bezeichnet. In jedem Moment fliegen darin unzählige Vögel unterschiedlichster Art umher, große und kleine Vögel, mit unauffälligem oder buntem Gefieder. Sie trällern, mal leise, mal laut, ihre Lieder, und wir wissen vor lauter Zwitschern oft nicht mehr, wo uns der Kopf steht. Damit hat Platon ein Bild für etwas gefunden, das wir wahrscheinlich alle kennen: Gedankenkreisen und innere Unruhe. Dem Vogelhaus setzten die antiken Philosophen die »Meeresstille der Seele« entgegen. Gemeint ist ein Zustand innerer Ruhe und seelischer Unerschütterlichkeit. Nicht zuletzt erklärt Epikur die »Seelenruhe« sogar zum Ziel allen Philosophierens, ein Ideal, das bis heute auf viele Menschen eine hohe Anziehungskraft ausübt.

Das Paradox der inneren Ruhe

Die schlechten Nachrichten gleich vorab: Innere Ruhe ist kein Zustand, den wir einmal erreichen und dann einfach beibehalten. Innere Ruhe gibt es weder auf Knopfdruck, noch haben wir einen Ruheschalter im Kopf, den wir einfach nur umlegen müssten. Es gibt auch nicht den einen Weg zur inneren Ruhe oder ein Allzweckmittel, das für alle gleich funktioniert. Und: Ein gewisses Pensum an innerer Unruhe gehört zu unserem Leben, ob wir das akzeptieren oder nicht. »Immer glücklich zu sein und ohne jede Gemütstrübung das Leben zu durchwandern heißt, nur die eine Seite der Natur kennen«, schreibt Seneca. Nicht zuletzt befreien uns diese »schlechten Nachrichten« aber von dem Druck, ständig glücklich und innerlich ruhig sein zu müssen.

Eine der wichtigsten stoischen Regeln lautet: Innere Ruhe und Glück sind kein Selbstzweck. Es geht also nicht darum, Ruhe um der Ruhe willen zu erreichen. Innere Ruhe – wie auch Glück – sind lediglich Begleiterscheinungen und Nebenwirkungen eines guten Lebens (siehe Seite 18 bis 22). Für die Stoiker bedeutet das ein Leben nach den stoischen Prinzipien und dass wir in allen Lebensbereichen und in jedem Augenblick die vier Kardinaltugenden berücksichtigen: Mut, Gerechtigkeit, Weisheit und Gelassenheit (Seite 21 bis 22).

Wir können uns also nicht einfach hinsetzen und meditieren, bis irgendwann der Seelenfrieden anklopft. Vielmehr ergeben sich innere Ruhe und Glück von selbst, wenn wir die richtigen Bedingungen dafür herstellen. Man könnte auch vom Paradox der inneren Ruhe sprechen: Einerseits ist sie für die Stoiker das höchste Gut, das eigentlich immer in uns ist und ohne das wir nicht klar denken und handeln können. Andererseits müssen wir etwas dafür tun. Übrigens zählen Lebensfreude und Heiterkeit zu den wichtigsten Früchten, die wir ernten, wenn wir uns innere Ruhe und Gelassenheit zur Gewohnheit machen.

Ein neuronales Netzwerk für mehr Seelenruhe

Eine der wichtigsten Vorbedingungen für innere Ruhe und eine gelassene Haltung ist zunächst einmal das, was Neurowissenschaftler unser Ruhezustandsnetzwerk nennen. Dieses Netzwerk aus Nervenzellen (Neuronen) nutzt unser Gehirn ganz automatisch. Es wird aktiv, wenn wir der äußeren Welt keine Aufmerksamkeit mehr schenken. Sobald wir uns auf das Erledigen von Aufgaben in der äußeren Welt konzentrieren, schaltet sich das Ruhezustandsnetzwerk ab. Besonders fokussiertes Sehen und eine gesteigerte visuelle Wahrnehmung setzen das Ruhezustandsnetzwerk außer Kraft. Hören wir auf, uns auf äußere Dinge zu konzentrieren, springt es umgehend wieder an. Meist passiert das innerhalb des Bruchteils einer Sekunde.

Das Abziehen unserer Aufmerksamkeit von konkreten Aufgaben bedeutet hier nicht, dass wir der Welt den Rücken kehren oder der Realität entfliehen. Im Gegenteil, dieser Zustand ist eher so etwas wie ein entspannter Präsenzmodus, in dem wir ganz bei uns sind und gleichzeitig unsere Verbindung zu anderen Menschen spüren. Wenn wir morgens aufwachen und abends ins Bett gehen, greift unser Gehirn auf diesen besonderen Präsenzmodus zurück. Er begleitet uns durch unseren Tag und selbst beim Träumen scheint dieses neuronale Netzwerk aktiv zu sein. Typische Merkmale und Funktionen, die uns dabei automatisch zur Verfügung stehen, sind unter anderem:

- Wir ruhen in uns und fühlen uns mit uns und mit unserem sozialen Umfeld verbunden.
- Wir haben intuitiven Zugriff auf gemeinsame Erlebnisse und spüren unsere Zuneigung für Menschen in unserem Umfeld.

- Wir reflektieren, was wir und andere gesagt und getan haben.
- Wir überdenken, was wir und andere nicht gesagt und nicht getan haben.
- Wir sind offen für neue Erfahrungen.
- Wir haben Zugang zu unserer Kreativität.

Heiter und fröhlich im Einklang mit sich und anderen

Um es auf den Punkt zu bringen: Das Ruhezustandsnetzwerk ist die ideale biologische Voraussetzung, um mit sich und seinem Umfeld im Einklang zu sein und um in unserem Alltag innere Ruhe und eine gelassene Haltung zu entwickeln. Gelassenheit und Seelenruhe bedeuten nicht, dass wir uns verschließen und stur ertragen, was auf uns zukommt. Sie können sich nur dann in uns entfalten, wenn wir offen sind für neue Erfahrungen, kreativ denken und spontan handeln können.

Folgende Dinge sind mit einer gelassenen Haltung und innerer Ruhe verbunden: eine positive Einstellung gegenüber dem Leben, intuitive Empathie, Lebensfreude, die vier Kardinaltugenden (siehe Seite 18 bis 22), eine gute Mischung aus Vertrauen und Kontrolle, ebenso Selbsterkenntnis und die Fähigkeit, die eigenen Emotionen zu regulieren. Für die Stoiker sind Ruhe und Gelassenheit das Ergebnis einer kontinuierlichen Arbeit an sich selbst, die eine tief empfundene Freude und Heiterkeit mit sich bringt. Laut Seneca macht sich der Zustand der Gelassenheit sogar vor allem durch »eine große Fröhlichkeit« bemerkbar, »die unerschütterlich ist und gleichmäßig«. »Friede und Harmonie der Seele und Größe verbunden mit Milde«, sind weitere Pluspunkte, die mit innerer Ruhe und einer gelassenen

Haltung einhergehen. »Du kannst erkennen, dass beständige Seelenruhe und innere Freiheit folgen, wenn einmal die Dinge vertrieben sind, die uns reizen oder schrecken.«

SEELENRUHE STATT LEIDENSCHAFTEN

- **Ataraxia** ist das griechische Wort für »Seelenruhe«, das auch gerne mit Unerschütterlichkeit übersetzt wird. Kaum etwas hat das Bild vom stoischen Weisen mehr geprägt. Ein Ideal, das übrigens nicht nur von den Stoikern propagiert wurde, sondern ebenso von Epikur. Seelenruhe meint hier vor allem die Abwesenheit von Schmerz und einen klugen Umgang mit den eigenen Trieben und Gemütserregungen.
- **Apatheia** heißt übersetzt »Leidenschaftslosigkeit« und bezeichnet das stoische Ideal von der Beherrschung der Affekte (momentane, intensive Gefühlsregungen). Im Zustand der Apatheia reguliert der stoische Weise seine Emotionen und entscheidet sich im Zweifelsfall gegen sie. Wie ein Fels in der Brandung trotzt er auch den widrigsten Bedingungen. Diese Affektbeherrschung wird manchmal mit Gleichgültigkeit, emotionaler Kälte oder Abgestumpftheit gleichgesetzt. Gemeint ist aber vielmehr eine innere Unabhängigkeit von den eigenen Affekten und Emotionen, bei der Milde, Freude und Freundlichkeit eine genauso große Rolle spielen wie Disziplin, Konsequenz und Stärke.

WAS WIR KONTROLLIEREN KÖNNEN UND WAS NICHT

»Wir beherrschen unser Denken, unsere Entscheidungen, unsere Wünsche und Abneigungen, kurzum, alles, was sich aus uns selbst heraus entwickelt. Wir beherrschen nicht unsere Körper, unseren Besitz, unser Ansehen und unsere Stellung, kurzum, alles, was sich nicht aus uns entwickelt.«

(Epiktet)

Seneca litt seit seiner frühen Kindheit an Asthma und chronischer Bronchitis. Nicht zuletzt deshalb verbrachte er zehn Jahre in Ägypten, um sich unter den günstigen klimatischen Bedingungen von seinen Leiden zu kurieren. Sein Zustand besserte sich so sehr, dass er anschließend eine Karriere in Rom machen konnte. Allerdings begleiteten ihn die Symptome seiner schwachen Lunge ein Leben lang, was ihn sehr wahrscheinlich auch in seinem Denken und Schreiben beeinflusst hat.

Ist unsere Atmung eingeschränkt, fühlen wir uns eingeengt und weniger frei. Das kennt sicher jeder aus der einen oder anderen Grippeerfahrung mit Atembeschwerden. Würde dieser Zustand länger anhalten, vielleicht sogar unser Leben lang, würden wir uns unserer Endlichkeit bewusster werden. Seneca zum Beispiel dachte bei seinen Asthmaanfällen immer wieder, er würde sterben. Diese Erfahrung hat sicherlich dazu beigetragen, dass er sich regelmäßig mit seiner Vergänglichkeit und der Angst vor dem Tod auseinandergesetzt hat und seine Gedanken dazu auch in seine Lehre eingeflossen sind.

Den eigenen Gestaltungsspielraum erkennen

Seneca hat auf extreme Weise am eigenen Leib erfahren, worin sich alle Stoiker einig sind – der menschliche Körper entzieht sich größtenteils unserer Kontrolle und gehört daher zu den Dingen, die wir nicht beherrschen. Epiktet rät deshalb, unseren Körper als etwas zu betrachten, das uns nur geliehen wurde.

Natürlich können wir unseren Atem ein wenig beeinflussen und damit auch ein Stück weit unsere Gesundheit, zum Beispiel durch entspannende Atemübungen. Wir können uns zielgerichtet bewegen und unsere Muskeln trainieren. Aber denken Sie an Ihr vegetatives Nervensystem, an Ihre genetischen Veranlagungen, an körperliche Schwachstellen, mit denen Sie auf die Welt gekommen sind. Denken Sie an Ihren Stoffwechsel, eventuelle Vorerkrankungen oder an Ihr Geschlecht und an Ihre sexuelle Orientierung. Inwieweit verfügen Sie über all diese Dinge? Ganz zu schweigen von den körperlichen Vorgängen in der Schwangerschaft oder vom Aussehen und Charakter Ihrer Kinder. Auch vieles andere im Leben liegt nicht unseren Händen. So können wir weder kontrollieren, wann und wie wir sterben (abgesehen vom Suizid, den die Stoiker als Option ansehen), noch welche Gedanken andere über uns haben, ebenso entziehen sich Naturkatastrophen und Pandemien unserem Einfluss.

Unterscheiden lernen

Eine der Hauptquellen für Unruhe und fehlende Gelassenheit sehen die Stoiker in der Tatsache, dass wir uns zu viel mit den Dingen beschäftigen, die sich unserer Kontrolle entziehen. Das bedeutet konkret: Wenn wir gelassen sein möchten, müssen wir uns in jedem Moment bewusst machen, was wir beeinflussen können und was nicht. Es geht um das, was Epiktet als eine unserer wesentlichen Lebensaufgaben bezeichnet hat: »Die wesentliche Aufgabe im Leben besteht darin, die Dinge zu erkennen und voneinander zu unterscheiden, um mir klar machen zu können, über welche äußeren Umstände ich keine Macht habe, und welche von Entscheidungen abhängen, die in meiner Macht stehen.« Letztlich lässt sich jedes Ereignis und jede Situation danach beurteilen, wie viel Entscheidungs- und Gestaltungsspielraum wir darin haben.

Es ist, wie es ist

Wahrscheinlich würden die meisten dieser Erkenntnis ohne Widerspruch zustimmen – einige Dinge stehen in unserer Macht, andere nicht. Nun kommt jedoch ein Gedanke hinzu, der die radikale Weltsicht der Stoiker verdeutlicht. Denn für sie liegt »Gut« und »Böse« nicht in den äußeren Umständen und schon gar nicht in den Dingen, die wir nicht beeinflussen können. Was nicht in unserer Macht steht, kann weder gut noch schlecht sein. Es ist einfach, wie es ist. »Wo finde ich das Gute oder Böse?«, fragt Epiktet. Und die Antwort lautet: »Nicht in den Dingen, die nicht in meiner Macht stehen, sondern in mir selbst, in den Entscheidungen, die ich treffe.« In die heutige Sprache übersetzt bedeutet diese stoische Weisheit, dass wir selbst dafür verantwortlich sind, wie wir eine Sache bewerten und wie wir darauf reagieren. Entscheidende Gegebenheiten und Einflüsse in unserem Leben wie unsere Eltern, Sprache, Freunde und Kultur lassen sich nur bedingt steuern oder kontrollieren. Ebenso können wir uns nicht aussuchen, mit den Stimmen von Whitney Houston oder Barry White gesegnet zu sein. Wir haben auch nicht in der Hand, wie freundlich andere uns behandeln oder wie sympathisch wir andere auf den ersten Eindruck finden. All diese Dinge kommen nicht von uns oder entwickeln sich nicht aus uns selbst heraus, wie Epiktet es ausdrückt. Aber es liegt an uns selbst, wie wir dazu stehen und was wir daraus machen. Wir können uns jederzeit dazu entscheiden, ein guter Mensch zu sein. Denn »glücklich ist, wer sich selbst ein glückliches Los bereitet hat; glückliche Lose aber sind: gute Gemütsstimmung, gute Neigungen, gute Handlungen«, meint Marc Aurel.

Den Fokus verschieben

Epiktet war Sklave unter Kaiser Nero, bevor er zum freien Mann erklärt wurde und zu einem der angesehensten Stoiker seiner Zeit aufstieg. Er hat also am eigenen Leib erfahren, was es bedeutet, weder über seinen Körper noch über sein Ansehen oder seine gesellschaftliche Stellung verfügen zu können. Sklaven gelten ja nicht umsonst als »Leibeigene«, die ihren Besitzern gehören. Wer aber nicht einmal seinen eigenen Körper besitzt, der muss sich umso stärker auf das konzentrieren, was er kontrollieren kann: die eigenen Überzeugungen, Emotionen, Abneigungen, Entscheidungen, Wünsche und Absichten.

Sind wir nicht alle ein wenig die »Sklaven« bestimmter Umstände? Schließlich haben wir alle unsere Schwachstellen und Schmerzerfahrungen und unterliegen Zwängen. All das können wir nicht nach Belieben verändern.

IMPULS: DIE KREISE DER KONTROLLE DEFINIEREN

- Zeichnen Sie auf ein DIN-A4-Blatt zunächst einen kleinen Kreis, den Sie »Selbst« nennen. Tragen Sie dort alle Dinge ein, die Sie aktiv beeinflussen können, etwa Ihre Gedanken, Gefühle, Überzeugungen, Gewohnheiten und Ziele.
- Dann zeichnen Sie um diesen kleinen einen größeren Kreis. Hier schreiben Sie alles hinein, das sich Ihrem Einfluss mehr oder weniger entzieht. Je weiter die Dinge von Ihrem Selbst entfernt sind, desto weniger Einfluss haben Sie darauf. Ganz außen stehen also etwa Krankheiten, Geburtsort und Tod.
- Überlegen Sie: Was würden Sie gerne verändern, was sich jedoch Ihrem Einfluss entzieht, zum Beispiel das Verhalten Ihres Partners, Ihren Kontostand, den Erfolg eines unliebsamen Konkurrenten oder Ihr Aussehen.
- Fragen Sie sich täglich: Wie viel Zeit möchte ich mit den Dingen im größeren Kreis verbringen, die sich meinem Einfluss entziehen? Richte ich genug Aufmerksamkeit auf die Dinge im kleinen Kreis, die ich aktiv gestalten und tatsächlich beeinflussen kann?

Wenn wir innerlich ruhiger werden und mehr Platz für Gelassenheit schaffen wollen, sollten wir diesen wichtigsten Ratschlag der Stoiker befolgen: Weniger Fokus auf das, was wir nicht verändern können, und mehr Fokus auf das, worauf wir aktiven

Einfluss nehmen können. Und dazu gehören vor allem unsere Gedanken und Gefühle, mit denen wir auf ein Ereignis reagieren. Die konsequente Unterscheidung zwischen Auslöser und emotionaler Reaktion regt zu einem Perspektivwechsel an und hilft dabei, in unserem Alltag mehr Gelassenheit zu entwickeln. Selbstverständlich setzt das einiges voraus, vor allem ehrliche Selbsterkenntnis (siehe Seite 24 bis 45) und, wie könnte es anders sein, viel Übung.

WAS UNSERE INNERE RUHE HERAUSFORDERT

»Das beste Mittel gegen Zorn ist Aufschub; fordere von deinem Zorn anfänglich nicht, dass er verzeihe, sondern nur, dass er nachdenkt.«

(Seneca)

Die größten Herausforderungen für unsere Seelenruhe und Gelassenheit stellen Situationen dar, die in uns Angst oder Stress erzeugen. Solche Situationen gehen häufig mit körperlichen Symptomen wie erhöhtem Puls, beschleunigtem Herzschlag und schnellerer Atmung einher, was wiederum das Gefühl von Angst und Stress verstärken kann. Vielleicht fangen wir dann an zu schwitzen, unsere Stimme zittert oder unser Mund wird trocken. All das führt nicht selten dazu, dass wir unsere innere Ruhe verlieren. Es geht uns dann wie »denen, die in einem Labyrinth immer schneller laufen: Gerade ihre Hast führt sie in die Irre«, schreibt Seneca.

Drei angeborene Strategien

In Stresssituationen wird in unserem Gehirn ein Areal aktiv, das man Amygdala nennt. Die Amygdala ist Teil des limbischen Systems, das für die gesamte Bandbreite unseres emotionalen Erlebens zuständig ist. Angst, Liebe, Hass, Freude, Wut oder Trauer, all diese Gefühle entstammen dem limbischen System. Auch neue Gedächtnisinhalte werden über diese Gefühlszentrale abgespeichert. Was wiederum erklärt, warum unsere Erinnerungen emotional gefärbt sind und häufig konkrete Gefühle in uns auslösen.

Die Amygdala ist der Sitz unseres Überlebensinstinktes. Sie kommt vor allem dann ins Spiel, wenn eine Gefahr droht und negative Emotionen entstehen wie Wut, Schmerz, Angst, Nervosität, Sorge und Aggression. Unter deren Einfluss tendieren wir zu impulsivem und emotionalem Verhalten, unser Ruhezustandsnetzwerk – sollte es gerade aktiv gewesen sein – meldet sich sofort ab. Übrigens kann die Funktionsweise der Amygdala auch durch Alkohol beeinträchtigt werden, was dann zu erhöhter Risikofreudigkeit führt. Bei Gefahr stehen uns drei angeborene und in der Amygdala verankerte Strategien zur Verfügung:

- Flucht
- Angriff
- Erstarren

Evolutionspsychologen leiten diese drei Verhaltensweisen daraus ab, wie unsere frühen Vorfahren auf bedrohliche Situationen reagiert haben. Je nach Art der Bedrohung konnte es für das Überleben entscheidend sein, aus der Situation zu flüchten, direkt anzugreifen oder unmittelbar die Füße still zu halten.

Unser überfordertes Gehirn

Heute sind wir anderen Gefahren ausgesetzt als die Menschen längst vergangener Zeiten. Die meisten Konflikte verlangen mehr als Flucht, Angriff oder Erstarren. Doch während sich die Lebensumstände geändert haben, ist die Funktionsweise unseres Gehirns weitestgehend gleich geblieben. Oder anders ausgedrückt: Teile unseres Gehirns sind mit den komplexen Strukturen unseres modernen Alltags schlicht überfordert.

Bewährte Strategien und neuronale Mechanismen, die früher Leben retten konnten, sind in der modernen Welt unwiderruflich veraltet und überholt. Die Bedrohungen von heute sind weniger lebensgefährlich, und Konflikte erfordern subtilere und komplexere Bewältigungsstrategien. Die Menschen haben im Lauf der Zeit auch entsprechende Umgangsformen entwickelt. Stellen Sie sich nur mal vor, Sie und Ihre Arbeitskollegen würden jedes Mal ihren angeborenen Impulsen folgen, sobald Sie innerlich gestresst sind. Unter diesen Bedingungen wäre fast jedes Meeting und jede sachliche Auseinandersetzung im Team zum Scheitern verurteilt. Allerdings ist das angeborene Muster von Flucht, Kampf oder Erstarrung nicht verschwunden und besonders in Stresssituation wittert es Gefahr und wird aktiv.

Die Beherrschung impulsiver Reaktionen und negativer Emotionen sowie die konstruktive Bewältigung zwischenmenschlicher Konflikte gehören zu den wichtigsten Fähigkeiten auf dem Weg zu einer gelassenen Haltung. Dafür müssen wir den Blick immer wieder auf unsere Innenwelt richten und auf unser Stressempfinden, das dort ausgelöst wird. Oder mit Seneca: »Nicht der Sturm setzt mir zu, sondern die Seekrankheit.«

VON RICHTERN, ÄRZTEN UND ANDEREN MENSCHEN

Aus einer Studie über richterliche Entscheidungen in Israel weiß man, dass Müdigkeit die Bewertung von Straftaten beeinflusst. Im Laufe des Vor- oder Nachmittages fielen die Urteile der Richter zunehmend schärfer aus. Am Morgen und nach einer Essenspause hingegen waren die Urteilssprüche im Schnitt deutlich milder. Psychologen erklären das damit, dass sich Müdigkeit und Erschöpfung auf die Bewertung der Fälle auswirkt. Je frischer und erholter die Richter sind, desto positiver und freundlicher entscheiden sie. Andere Untersuchungen ergaben, dass Ärzte nach ein paar Stunden im Dienst ihren Patienten öfter Antibiotika verschreiben oder dass sich Menschen morgens ehrlicher verhalten als nachmittags. Alle diese Forschungsergebnisse deuten darauf hin, dass zunehmende Erschöpfung den Stresspegel hebt, eine gelassene Haltung beeinträchtigt und impulsive Reaktionen begünstigt und so eine besonnene Entscheidungsfindung verhindert.

Wie wir innere Unruhe positiv beeinflussen können

Während sich ein gewisses Maß an äußeren Stressauslösern nicht vermeiden lässt, haben wir direkten Einfluss auf den gefühlten Stresspegel in uns. Sobald wir einen Anflug von Stress oder Druck spüren, können wir einen konstruktiven Umgang damit finden. Dazu haben wir verschiedene Möglichkeiten.

- **Umdeuten:** Eine bewährte Strategie besteht darin, Stress als positive Antriebskraft und Anpassungsleistung unseres Gehirns an die jeweilige Herausforderung zu deuten. Wir können uns sagen: Zeitweiliger Stress bringt unser Gehirn in Schwung, erhöht unsere Leistungsfähigkeit und hilft uns letztlich, die Aufgabe zu meistern. Dafür ist jedoch entscheidend, dass die Phase von erhöhtem Stress nicht zu lange andauert und wir genügend Entspannungsphasen einbauen.
- **Vermeiden:** Folgen wir den Stoikern, können wir bereits vorbeugend zahlreiche Ursachen für Stress vermeiden und die Quellen von Angst und Ärger beseitigen. Dazu gehört zunächst das Vermeiden von Energieräubern, wie Müdigkeit, Hunger und Schlafmangel. Alles Faktoren, die zu Erschöpfung führen und in der Folge zu Gereiztheit und Unverständnis. Ein Teufelskreislauf, aus dem heraus möglicherweise unnötige Streitereien und Kurzschlussreaktionen entstehen. Womit wir bei weiteren und entscheidenden Energieräubern wären, nämlich zwischenmenschlichen Konflikten. Kaum etwas kann uns so sehr erschöpfen, innerlich auszehren und beunruhigen wie pausenlose Auseinandersetzungen und aufreibende Streitereien. Vor allem für Konflikte gilt, was Albert Einstein einmal über Probleme im Allgemeinen gesagt hat: »Eine clevere Person löst ein Problem. Eine weise Person vermeidet es.«
- **Regulieren:** Nicht zuletzt ist es unser schlechter Umgang mit unseren eigenen negativen Emotionen, der Stress und damit auch unsere emotionale Instabilität und Unruhe begünstigt. Wobei »schlecht« heißt, dass wir impulsiv reagieren und diesen Gefühlen viel Raum geben. Die Stoiker – wie schon

Platon und andere antike Philosophen vor sowie moderne Psychologen nach ihnen – vertreten die Ansicht, dass wir unseren Gefühlen nur bedingt folgen sollten. Selbstkontrolle und Affektregulation sind für sie entscheidende Fähigkeiten im Umgang mit negativen Emotionen.

Entschleunigung – der erste Schritt zu innerer Ruhe und Gelassenheit

Wissenschaftliche Studien betonen immer wieder, wie sehr unser Wohlbefinden und unsere Leistungsfähigkeit von der Fähigkeit zu Selbstkontrolle und Selbstdisziplin abhängen. Mit Selbstdisziplin vermeiden wir erschöpfende Phasen, und eine starke Selbstkontrolle wiederum kann uns bei der Bewältigung negativer Emotionen helfen. Bereits Platon und die Stoiker sahen das Ziel der Selbstbeherrschung darin, unserem emotionalen Mechanismus zu misstrauen und ihn zu unterbrechen.

Für diesen Mechanismus macht der Kognitionspsychologe und Wirtschaftsnobelpreisträger von 2002, Daniel Kahneman, einen bestimmten Teil unseres Gehirns verantwortlich, den er »System 1« nennt. Dieses Denksystem, in dem das schnelle Denken stattfindet, funktioniert wie eine »mentale Schrotflinte«, die blitzschnell Ursache und Wirkung miteinander verknüpft und das Erlebte zu einer konsistenten Geschichte zusammenfügt. Feuert dieses Denksystem mit Unterstützung der Amygdala (siehe Seite 59) los, kommt es zur Abschaltung des Ruhezustandsnetzwerks und zur Ausschüttung diverser Stresshormone. All das beeinträchtigt nicht nur unsere Stimmung, sondern auch unsere Entscheidungs- und Leistungsfähigkeit.

Das schnelle Denken gerät immer wieder in Konflikt mit »System 2«. Dieser Teil unseres Gehirns ist laut Kahneman für langsames Denken zuständig, für Zweifel und gründliche Analysen. Es ist nicht nur langsamer als System 1, sondern auch anstrengender. Und während System 2 noch damit beschäftigt ist, die Datenlage zu überprüfen, hat System 1 eine Ursache längst zur Wirkung erklärt und möglicherweise eine (vorschnelle) Handlung ausgelöst. Unser schnelles Denken ist unfähig, mit komplexen Situationen umzugehen. Das hat zum Beispiel die Corona-Krise gezeigt, in der es reihenweise Kurzschlussreaktionen gab: Weil sich die Datenlage und damit auch die Erkenntnisse beinahe täglich änderten, äußerten nicht wenige Menschen den Verdacht, dass es dabei nicht mit rechten Dingen zugehen könne. Das schnelle Denken von System 1 verliert umgehend seine Orientierung, wenn es um Wahrscheinlichkeiten geht.
Um aber eine komplexe Welt rational zu verstehen und emotional auszuhalten, brauchen wir unbedingt System 2, unser langsames Denken. Dafür müssen wir lernen, den emotionalen Impulsen unseres schnellen Denkens zu widerstehen.

Wie wir innere Unruhe überwinden und nutzen

Das stoische Ideal der Selbstkontrolle zielt darauf ab, unser schnelles Denken zu unterbrechen und unser langsames Denken aktiv zu nutzen. In diesem Sinne spricht Seneca von »Aufschub«. Oder wie Daniel Kahneman es ausdrückt: »Man sollte die Anzeichen dafür erkennen, dass man sich in einem kognitiven Minenfeld bewegt, mental einen Gang zurückschalten und System 2 um Verstärkung bitten.«

IMPULS: VON HUNDEN LERNEN

Wenn zwei Hunde aufeinandertreffen, werden sie zunächst meist extrem langsam und richten ihre gesamte Aufmerksamkeit auf ihr Gegenüber. Diese Verlangsamungsstrategie dient erstens dazu, den anderen Hund nicht zu reizen, und zweitens, den eigenen Stresslevel zu reduzieren.
Wenn Sie das nächste Mal gestresst sind und sich innerlich gehetzt fühlen, reduzieren Sie Ihre Geschwindigkeit. Werden Sie für ein paar Momente extra langsam. Erledigen Sie weiter Ihre Aufgaben, aber entschleunigen Sie radikal. Sagen Sie zu sich: Ich werde mich nicht hetzen, sondern mit der Kraft der Langsamkeit an mein Ziel kommen.

Wie schon angedeutet: Für die Stoiker bergen negative Emotionen das größte Stresspotenzial und stellen damit die größte Gefahr für unsere Gelassenheit dar. Nicht zuletzt beschreibt Seneca Wut als einen Kontrollverlust, der dem Wahnsinn gleichkommt: »Zorn gleicht einem vorübergehenden Wahnsinn, denn er ist, ebenso wenig wie dieser, Herr über sich selbst.« Gegen impulsive Emotionen wie Wut und Ärger, aber auch bei Zuständen wie innerer Unruhe und Gereiztheit schlagen die Stoiker eine dreifache Bewältigungsstrategie vor:

1. aufschieben,
2. reflektieren,
3. ersetzen.

Natürlich wäre es wünschenswert, wenn wir die Ursachen von Wut und Ärger bereits im Vorfeld vermeiden. Unsere Alltagserfahrung zeigt aber, dass uns das nur teilweise gelingt. Sobald wir also das Auftauchen negativer Emotionen in uns bemerken, sollten wir uns drei Fragen stellen.

1. Liegt der Auslöser im Bereich meiner Kontrolle? Mit dieser ersten Frage beginnt die Phase der Analyse und des langsamen Reflektierens, und sie hält für uns einen Perspektivwechsel bereit: Wir erkennen unsere Wünsche und die Tatsache, dass es äußere Umstände gibt, unter denen sie sich nicht so verwirklichen lassen, wie wir es gerne hätten. Wir trennen die äußeren Auslöser und Ursachen von unserer Innenwelt und stellen eine mentale Distanz zu unserem emotionalen Impuls her, spontan ärgerlich, enttäuscht oder wütend zu reagieren. Das wiederum fördert unsere Selbstkontrolle und erhöht die Chance, dass wir unseren Impuls tatsächlich aufschieben können.

2. Ist es in einem Jahr noch wichtig für mich? Damit hinterfragen wir die Folgen und Konsequenzen, die ein möglicher Wutanfall oder ein anderes impulsives Verhalten nach sich ziehen könnten. Es geht um den konkreten Preis, den wir für einen unkontrollierten Wutausbruch zahlen würden. Für diese Phase des Hinterfragens hat Marc Aurel einen sehr grundsätzlichen Ratschlag parat: »Wenn du besonders ärgerlich und wütend bist, erinnere dich, dass das menschliche Leben nur einen Augenblick währt.« Nicht nur wir sind endlich, auch unsere negativen Emotionen sind es. Währt schon unser Leben nur einen Augenblick, um wie viel kürzer ist dann die Zeitspanne unserer Wut oder unseres Ärgers. Denn wenn etwas gewiss ist, dann die Erkenntnis, dass jedes Gefühl zeitlich begrenzt ist. Wir stellen uns vor, wie wir in einem Jahr über diese Situation denken, verschieben dadurch unseren Fokus weg von der negativen Emotion und nehmen eine Neubewertung vor. Wählen wir auch dann noch die direkte Konfrontation, ist es wenigstens eine bewusste Entscheidung, und wir haben durch Aufschub und Reflexion die Möglichkeit, unsere emotionalen Impulse in sachliche Formulierungen zu packen.

IMPULS: POSITIVE GEFÜHLE PFLEGEN

Auch positive Emotionen können uns dabei helfen, negative Gefühle zu regulieren und zu mehr innerer Ruhe und Gelassenheit zu gelangen. Stellen Sie sich deshalb immer wieder schöne Szenarien aus der Vergangenheit oder in der Zukunft vor und spüren Sie den positiven Gefühlen nach, die damit verbunden sind – Dankbarkeit, Freude, Liebe, Leidenschaft oder Wertschätzung …
Sorgen Sie auch dafür, dass Sie im Hier und Jetzt immer wieder positive Erfahrungen machen – Treffen mit Freunden, etwas Leckeres kochen oder was immer Sie mit Freude erfüllt. So schaffen Sie ein Gegengewicht zu den schwierigen Situationen im Leben, in denen Wut oder Angst auftauchen. Und Sie können positive Gefühle dann auch in Stresssituationen bewusst abrufen.

3. Wie kann ich die Situation für mich nutzen? Die Stoiker begreifen die persönliche Entwicklung als eine wesentliche Lebensaufgabe des Menschen. Richten Sie am Ende der Reflexionsphase Ihren Fokus daher auf das, was Sie in diesem Moment lernen wollen – und was Sie jetzt anstelle negativer Emotionen erleben möchten. Epiktet empfiehlt dazu: »Zuerst sage dir, was für ein Mensch du sein willst, dann tue, was du dafür tun musst.« Die Arbeit am Charakter und die Fähigkeit, ihn zu verändern und positiv zu beeinflussen, stellt im Denken der Stoiker eine wesentliche Kraftquelle dar, aus der wir innere Stärke und Gelassenheit gewinnen. »Trau es dir doch endlich zu, wie ein erwachsener Mensch zu leben«, meint Epiktet.

IMPULS: NEGATIVE EMOTIONEN FÜR DIE EIGENE ENTWICKLUNG VERWERTEN

Setzen Sie sich immer, wenn Sie akut wütend oder verärgert waren, hin und nehmen Sie sich 10 bis 15 Minuten Zeit, um diese Fragen nacheinander schriftlich zu beantworten: Was kann ich in dieser Situation lernen? Worauf kann ich meine Konzentration lenken oder was kann ich tun, um nicht weiter mit meiner Wut konfrontiert zu sein? Wie kann ich diese Situation für meine persönliche Entwicklung nutzen? Wie würde die Person handeln, die ich gerne wäre? Wie kann ich in dieser Situation über mich hinauswachsen?

AUF EINEN BLICK: INNERE RUHE

- **Biologische Voraussetzung:** Unser Gehirn bietet uns mit dem Ruhezustandsnetzwerk die biologische Grundlage für innere Ruhe und eine gelassene Haltung. Ist es aktiv, fühlen wir uns im Einklang mit uns und der Welt.

- **Mentale Voraussetzung:** Entscheidend für Seelenruhe und stoische Gelassenheit ist die Erkenntnis und die Einsicht, dass wir nur unsere Gedanken und Gefühle beeinflussen können, das meiste andere entzieht sich unserer Kontrolle.

- **Vorsorge:** Insbesondere Stress, Wut und Angst bringen unsere Seelenruhe aus dem Gleichgewicht, deshalb raten die Stoiker, entsprechende Situationen zu vermeiden und ihnen durch eine gesunde Lebensführung vorzubeugen.

- **Selbstkontrolle:** Negative Emotionen sollten wir nicht impulsiv ausleben. Wenn wir innehalten und uns Alternativen überlegen, bekommen wir Kontrolle über unsere Gefühle und können auch mit Dingen gelassener umgehen, die sich unserem direkten Einfluss entziehen.

- **Persönliche Entwicklung:** Das regulierende Eingreifen bei negativen Emotionen zeigt uns, dass wir uns verändern können. Der Weg zu innerer Ruhe ist demnach auch ein Weg der Selbsterkenntnis und persönlichen Entwicklung.

III

DIE MAGIE DES AUGENBLICKS
Wie wir Momente des Alltags intensiv erleben

»Alles, was noch kommt, liegt im Ungewissen: Jetzt sollst du leben!«

(Seneca)

LEBEN IM HIER UND JETZT

»Richte deine ganze Aufmerksamkeit immer auf das Gegenwärtige, sei's eine Ansicht, eine Handlung oder ein Ausdruck.«

(Marc Aurel)

Kaum etwas befeuert die menschliche Sehnsucht bis heute so sehr wie der Wunsch, im Hier und Jetzt zu sein. Eine Reihe von Büchern und spirituellen Ratgebern drehen sich nur um diesen einen Moment. Die Moderatorin Oprah Winfrey und andere Prominente wie die Schauspielerinnen Meg Ryan and Ellen DeGeneres sind bekennende Fans des gegenwärtigen Augenblicks. Augustinus hat ihn im 6. Jahrhundert beschworen, Franz von Assisi hat ihn im 12. Jahrhundert besungen, im 13. Jahrhundert hat der islamische Dichter Rumi versucht, sich ihm tanzend zu nähern, und von Meister Eckhart wurde der Augenblick schließlich im 14. Jahrhundert zum Kern der mystischen Erfahrung erklärt. Aber auch schon die Stoiker haben sich mit der Magie des Augenblickes beschäftigt.

»Der gegenwärtige Augenblick ist für alle gleich«, notiert Marc Aurel in seinen »Selbstbetrachtungen«. Im Augenblick nämlich läuft alles zusammen, unsere Eindrücke und Gedanken, unsere Gefühle und momentanen Befindlichkeiten. Das bewusste Erleben der Gegenwart gehört für die Stoiker zu den wichtigsten Kraftquellen unseres Lebens. In ihr begegnen uns die Gegensätze und Widersprüche dieser Welt. In jedem Augenblick erleben wir die Gleichzeitigkeit von permanentem Wandel und ständig in sich ruhender Gegenwart. Aus dem Zusammenspiel all dieser unterschiedlichen Dinge entsteht in unserem Bewusstsein das, was wir in der Alltagssprache einen Moment, den gegenwärtigen Augenblick oder das Hier und Jetzt nennen.

Erleben und Erinnern

Psychologen gehen davon aus, dass ein gefühlter Augenblick ungefähr drei Sekunden dauert. Jede längere Zeitspanne erleben wir schon als eine Abfolge unterschiedlicher Momente. Ein Tag hat 24 Stunden und 1440 Minuten. Das wiederum bedeutet, dass wir 86400 Sekunden pro Tag erleben. Wenn drei Sekunden einen Moment ausfüllen, dann stehen uns 28800 Augenblicke am Tag zur Verfügung. Ziehen wir unsere Schlafzeit davon ab, ergibt das durchschnittlich 20000 Augenblicke, die wir bewusst erleben könnten. Es gibt also gute Gründe dafür, dass wir die meisten Momente unseres Lebens vergessen. Täten wir das nicht, wären der Arbeits- und Erinnerungsspeicher unseres Gehirns schon nach kürzester Zeit so überlastet, dass wir keinen Platz mehr für neue Momente hätten.

Aus diesem Grund steht unser Bewusstsein jeden Augenblick vor der Aufgabe, unsere Eindrücke zu filtern und zu entscheiden, was in den engeren Aufmerksamkeitskreis kommt und was nicht. Vieles sortiert unser Gehirn automatisch aus, wir bemerken das gar nicht. Ohne diesen unbewussten Filter könnten wir uns weder im Raum orientieren noch klar denken oder handeln. Filtern ist überlebensnotwendig. Genauso wichtig ist es jedoch, dass wir unsere erlebten Momente bewusst ordnen und abspeichern. In seinem Buch »Schnelles Denken, Langsames Denken«

(siehe auch Seite 63 bis 64) spricht der Psychologe und Nobelpreisträger Daniel Kahneman von zwei verschiedenen Ichs: dem erlebenden Ich und dem erinnernden Ich.

- **Das erlebende Ich** ist der Teil unseres Bewusstseins, der den jeweils aktuellen Augenblick erlebt. Wenn Sie nun zum Beispiel den Blick heben, sehen Sie sehr wahrscheinlich eine Ihnen vertraute Umgebung: Ihr Wohnzimmer, Ihr Bett, Ihren Tisch – eben den Ort, an dem Sie gerade lesen. Das alles ist Teil Ihrer sinnlichen Wahrnehmung. Sie erleben aber nicht nur, was Sie in diesem Moment hören, sehen, riechen und schmecken. Sie erleben auch, was Sie gerade tun, und vor allem, was Sie dabei denken und fühlen. Neben Hunger, Schmerzen und körperlichen Verspannungen nimmt das erlebende Ich auch die emotionale Stimmung wahr, in der wir uns gerade befinden. Die Summe aller Eindrücke, Erlebnisse und Phänomene verdichtet sich in uns zu einem einzigartigen Moment.
- **Das erinnernde Ich** nennt Kahneman den Teil unseres Bewusstseins, der unsere Erlebnisse speichert, indem er sie in Erinnerungen umwandelt. Unser erinnerndes Ich sammelt, bewertet und sortiert alle bemerkenswerten Momente, die das erlebende Ich nicht entsorgt hat. Falls Sie sich in den letzten 48 Stunden über eine besonders schöne Begegnung mit einem anderen Menschen gefreut haben, ist es sehr wahrscheinlich, dass Ihr erinnerndes Ich das jetzt noch abrufen kann.

Um den Unterschied zwischen unseren beiden Ichs zu bemerken, brauchen wir uns nur eine einfache Frage zu stellen: Wie glücklich und zufrieden bin ich?

Stellen wir diese Frage unserem erlebenden Ich, werden wir vor allem eine Momentaufnahme unserer aktuellen Befindlichkeit erhalten. Vielleicht fällt Ihnen in diesem Moment auf, wie neugierig, müde oder inspiriert Sie sind. Sie konzentrieren sich auf Ihre Gedanken und wollen mehr über die Weisheiten der Stoiker erfahren. Oder Sie bemerken, dass Sie Ihre Körperhaltung beim Lesen noch etwas mehr entspannen könnten. Unser erlebendes Ich ist wie ein spontanes Stimmungsbarometer, das sich alle paar Sekunden aktualisiert. Als Autor dieser Zeilen hoffe ich natürlich, dass Sie sich einigermaßen wohlfühlen bei der Lektüre und dass Sie Ihren momentanen Zustand insgesamt positiv bewerten.

Wenn Sie nun Ihr erinnerndes Ich befragen, werden Sie ein allgemeines Stimmungsbild erhalten. Das erinnernde Ich misst weniger unsere aktuelle Befindlichkeit als vielmehr unsere generelle Zufriedenheit. Es zeigt an, wie zufrieden wir grundsätzlich mit unserem Leben in letzter Zeit sind.

In der Erinnerung glücklicher als im Augenblick

Bedauerlicherweise sind unsere beiden Ichs in puncto Zufriedenheit manchmal unterschiedlicher Meinung, wie folgende Glücksstudie zeigt: Studenten sollten während ihres Urlaubs regelmäßig angeben, wie glücklich und zufrieden sie sich fühlen. Ihre momentane Stimmung wurde mehrmals via Handy abgefragt. Nach dem Urlaub wurden die Studenten dann interviewt. Tatsächlich ergab sich bei der Einschätzung der Zufriedenheit ein signifikanter Unterschied: Das erinnernde Ich war im Schnitt zufriedener und glücklicher als das erlebende Ich.

STOISCHE WEISHEIT FÜR MEHR LEBENSZUFRIEDENHEIT

Seit 2011 findet einmal jährlich eine »Stoische Woche« statt, ein internationales Event der University of Exeter, bei dem sich kognitive Therapeuten, Universitätsphilosophen, praktizierende und interessierte Laien aus aller Welt treffen. Laut einer Befragung der Teilnehmer macht sich die regelmäßige Anwendung der stoischen Philosophie für sie unter anderem folgendermaßen bemerkbar: Positive Emotionen nehmen zu, negative hingegen ab, und insgesamt verbessert sich die allgemeine Lebenszufriedenheit.

Der Unterschied ist symptomatisch für unsere Neigung, vergangene Erfahrungen im Nachhinein schönzufärben. Nicht selten betrachten wir unsere Erinnerungen durch eine rosarote Brille, was dazu führt, dass hinterher vieles besser aussieht als im Moment des Erlebens. Aus einem unangenehmen oder neutralen Geschehen kann auf diese Weise in unserer Erinnerung etwas Positives werden. Bestes Beispiel hierfür sind unsere Profile in den digitalen Netzwerken. Obwohl wir eher einen durchschnittlichen, normalen oder sogar schlechten Tag hatten, in unserem Profil wird selbstverständlich ein positiver Moment festgehalten, notfalls auch inszeniert. Das Ergebnis ist nicht nur für andere sichtbar, sondern dient auch uns selbst als eine Art externes Gedächtnis mit aufgehübschten Erinnerungen.

Den umgekehrten Fall gibt es natürlich ebenso. Wahrscheinlich kennen auch Sie notorische Schwarzmaler, die sich meist an Negatives erinnern. Die Neigung zu Schönfärberei oder Schwarzmalerei ist jedoch bei Weitem nicht der einzige Grund, warum wir unserem erinnernden Ich misstrauen sollten.

Unsere Schmerzerinnerung ist fehlerhaft

Bekannt geworden ist der Nobelpreisträger Daniel Kahneman unter anderem für die Peak-End-Regel. Sie besagt, dass wir uns nur an die intensivsten Höhe- und Tiefpunkte (Peaks) erinnern und daran, wie ein Erlebnis geendet hat (End). Wenn wir also an einen Urlaub oder an eine andere begrenzte Zeitperiode aus unserer Vergangenheit zurückdenken, kommen uns vor allem der intensivste Moment und das Ende in Erinnerung. Die schöne Aussicht bleibt uns präsenter als die vielen Stunden, die wir im Flugzeug verbracht haben.

Für eine Studie unterzogen sich Probanden freiwillig einer Darmspiegelung, die zwischen vier und siebzig Minuten variierte. Während und nach der Behandlung sollten die Teilnehmer angeben, wie schmerzhaft der Eingriff für sie war. Das Ergebnis klingt verrückt: Eine fünfminütige und nahezu als schmerzfrei empfundene Untersuchung, bei der aber am Ende ein sehr starker Schmerz auftrat, wurde als deutlich schlimmer bewertet als ein 45-minütiger Eingriff mit relativ konstantem Schmerz. Laut Kahneman ein weiterer Beleg für die Peak-End-Regel und für seine These, dass unser erinnerndes Ich hochgradig unzuverlässig ist, wenn es um die Einschätzung unseres Wohlbefindens geht.

Das Leben ist keine Facebook Timeline

Verstärkung erhält unser erinnerndes Ich übrigens auch von unseren gesellschaftlichen Lebensbedingungen. Wir leben in einer Kultur, in der der Wert von Erinnerungen vielfach höher bewertet wird als das Erleben des Augenblicks. Es ist natürlich nichts Falsches daran, im Freundes- oder Kollegenkreis besondere Urlaubsmomente zu teilen. Unproduktiv für unsere Zufriedenheit wird es jedoch, wenn eine regelrechte Jagd auf besondere und sensationelle Momente entsteht. Der gegenwärtige Augenblick wird dann kaum noch erlebt und dient nur noch dazu, in Form eines Fotos festgehalten zu werden, das hinterher geteilt und geliked werden kann.

Es ist ein allzu menschlicher Zug, der dieses Verhalten unterstützt und befeuert. Das Sammeln von Höhepunkten und Superlativen ist eben aufregender, bringt mehr Aufmerksamkeit und fällt uns häufig leichter als das bewusste Genießen des Moments. Natürlich ist Champagner edler als Bier und der Kick beim Bungee Jumping ist stärker als das Glück des Wanderns. Die Jagd auf potenzielle Highlights in unserem Leben macht kurzfristig mehr Spaß. Was dazu führt, dass wir kurze und intensive Freuden mehr schätzen als das Erleben unserer alltäglichen Zufriedenheit.

Wir können uns an dieser Stelle jedoch fragen: Wollen wir Momente erleben oder Erinnerungen sammeln? Natürlich ist es verführerisch, die eigenen digitalen Kanäle immer wieder mit den schönsten Highlights zu füttern und unsere intensivsten Momente darzustellen. Das ist sogar identitätsstiftend, keine Frage. Möglicherweise leben wir dann aber nur noch für das Glück des Erinnerns und sind auf ständiger Jagd nach dem nächsten Moment, der zur ausgewählten Erinnerung werden könnte. Dies wiederum ist eine schlechte Voraussetzung für ein gutes Leben, weil wir uns von Highlights abhängig machen.

Innere Freiheit und Gelassenheit erreichen wir erst, wenn wir uns von der Bürde und der verzerrten Wahrnehmung unseres erinnernden Ichs lossagen. Dazu gehört auch die Fähigkeit, aus dem Augenblick heraus zu handeln und den Moment im Hier und Jetzt genießen zu können. Echtes Leben ist nun mal keine Facebook-Timeline, sondern findet im Augenblick statt.

IMPULS: JEDER MOMENT KANN ZUM HÖHEPUNKT WERDEN

- Eine mögliche Strategie, den Tücken der Erinnerung zu begegnen, besteht darin, unserem psychologischen Impuls entgegenzukommen und ganz bewusst auf ein schönes Ende und die Gestaltung intensiver Höhepunkte zu achten. Wir erinnern uns dann nicht nur an diese Momente, sondern erleben sie auch intensiver.
- Noch wirkungsvoller ist es, uns grundsätzlich mehr auf das Erleben des gegenwärtigen Augenblicks zu konzentrieren, sodass jeder Moment zu einem Höhepunkt unseres erlebenden Ichs wird. Auf diese Weise machen wir uns frei von der Suche nach dem einen besonderen Highlight und dem einem krönenden Abschluss.

Sobald wir uns auf die Gegenwart konzentrieren, hört die fatale Dynamik des erinnernden Ichs auf und das erlebende Ich kann die Führung in unserem Alltag übernehmen. Dann können wir uns für die unaufgeregten und alltäglichen Freuden begeistern, und es wird uns bewusst, dass der Moment selbst das Wesentliche ist. Dass es um unsere Zufriedenheit in diesem einen Augenblick geht und es eigentlich nie um etwas anderes ging. Ganz egal ob wir gerade Pommes oder Austern essen, im Wald spazieren gehen oder den Himalaja besteigen, ob wir allein einen Film anschauen oder unsere Freunde treffen.

Ein stoischer Umgang mit den digitalen Medien

Das alles bedeutet übrigens nicht, dass wir in den digitalen Netzwerken gar nicht aktiv sein sollten. Im Gegenteil. Auch die Stoiker würden heute die digitalen Medien nutzen, um sich auszutauschen und um ihre Gedanken und Ideen zu verbreiten. Wahrscheinlich würden sie die digitale Selbstdarstellung sogar als persönliche Herausforderung und ständige Übung betrachten. So wie die Stoiker soziales und politisches Engagement befürworten, würden sie auch die Nutzung der digitalen Öffentlichkeit bejahen. Stoisch betrachtet, können wir unsere digitale Selbstdarstellung nutzen, um unsere Gefühle und Gedanken, Bedürfnisse und Wünsche besser zu identifizieren und dabei lernen, unsere Impulse zu beherrschen und unseren Hang zu Polemik, Empörung und Wut zu kontrollieren. Anders gesagt: Wir können uns auch im digitalen Raum auf das Wesentliche konzentrieren und ihn nutzen, um noch mehr zu der Person zu werden, die wir sind und sein wollen.

DER CHAMPAGNER UNTER DEN BEWUSSTSEINSZUSTÄNDEN

»Jede Gewohnheit und Fähigkeit wird durch entsprechende Handlungen gestärkt und genährt: Wandern durch Wandern, Laufen durch Laufen … Willst du daher etwas tun, mache eine Gewohnheit daraus.«

(Epiktet)

Als Vorbereitung auf dieses Buch habe ich zwei Routinen für mich entdeckt. Ich habe jede Woche ein Buch gelesen, das mich persönlich interessierte und im weitesten Sinne etwas mit den Themen hier zu tun hatte. Außerdem bin ich für ein halbes Jahr jeden Morgen zwei Stunden lang mit meinem Hund im Wald spazieren gegangen. Während des Gehens machte ich immer wieder die gleiche Meditation. Ich versuchte, mich ganz auf die Weite des Raumes zu konzentrieren, und öffnete mich für alles, was in diesem Raum passierte.

Ich ging immer dieselbe Strecke. Bald kannte ich jeden Winkel, jeden Baum, und immer wenn ich auf meine Lieblingslichtung kam, ging ich ein paar Schritte im Kreis und legte mich für ein paar Minuten ins Gras. Im Laufe dieser Spaziergänge kamen mir unzählige Ideen und Gedanken für dieses Buch. Das Gehen war für mich eine unglaublich gute Kreativitätstechnik. Die Morgenroutine im Wald hat aber noch zwei andere Dinge bewirkt: Sie bereitete mich innerlich auf meinen Tag vor und ich lebte viel bewusster. Mir wurde schnell klar, dass ich diese Morgenroutine auch nach diesem Buch fortsetzen würde.

Alltagsroutinen als Weg ins Hier und Jetzt

Bis heute sind die Stoiker bekannt für ihre Alltagsroutinen und bewussten Gewohnheiten. Diese bestechen durch klar strukturierte Tagesabläufe und eine konsequente Verwirklichung von Vorsätzen. Epiktet zum Beispiel empfiehlt seinen Schülern, jeden Tag mit reflektierenden Gedanken zu beginnen und zu beenden. In der Morgenroutine sollen wir uns auf das Kommende vorbereiten und uns fragen, wie wir negative Emotionen vermeiden können. Auch sollen wir uns jeden Morgen daran erinnern, dass es in unserer Macht steht, wie wir auf Ereignisse, Hindernisse und andere Menschen reagieren.

Seneca nutzt seine Morgenroutine zudem, um sich an die Vergänglichkeit des Lebens zu erinnern. »Der Weise wird jeden Tag mit dem Gedanken beginnen: ›Das Schicksal überlässt uns nichts als wahres Eigentum.‹ Nichts, ob öffentlich oder privat, ist von Dauer.« Marc Aurel hingegen macht den Vorschlag, uns jeden Morgen daran zu erinnern, dass wir lebendig sind. Mit Dankbarkeit und Demut sollen wir uns vergegenwärtigen, was für ein kostbares Privileg es ist, »zu atmen, zu denken, zu genießen, zu lieben.« Beide Vorschläge – uns unsere Vergänglichkeit bewusst zu machen und dankbar für das Leben zu sein – lassen uns den gegenwärtigen Augenblick intensiver empfinden. Darüber hinaus haben beide Perspektiven etwas Beruhigendes, weil sie all die Dinge relativieren, die an diesem Tag möglicherweise schief laufen.

In der Abendroutine wiederum geht es den Stoikern darum, den Tag Revue passieren zu lassen und zu schauen, ob sich künftig etwas verbessern lässt. Wir sollen darüber nachdenken, welche Fortschritte wir gemacht haben und in welchem Bereich wir noch etwas lernen können. Es geht also um das Aufspüren von Entwicklungspotenzial und das Gewahrwerden von Erfolgserlebnissen. Ganz nebenbei ist für Seneca die Abendroutine übrigens das perfekte Mittel für einen besseren Schlaf.

IMPULS: DEN TAG REFLEKTIEREND BEGINNEN UND BEENDEN

- **Morgenroutine mit Epiktet und Seneca:** Beantworten Sie jeden Morgen folgende Fragen: 1. Was brauche ich, um frei von negativen Emotionen zu sein? 2. Was tut mir gut und schenkt mir innere Ruhe? 3. Wer bin ich? Mit der letzten Frage rufen wir uns zwei wichtige stoische Einsichten ins Bewusstsein: Wir sind einerseits rationale Wesen, die ihre Gedanken und Emotionen beeinflussen können, und andererseits vergängliche Wesen, die früher oder später wie alle anderen Wesen sterben werden.
- **Abendroutine mit Seneca und Marc Aurel:** Beantworten Sie jeden Abend folgende drei Fragen: 1. Was habe ich heute gut gemacht und wo sehe ich Fortschritte? Vergleichen Sie dafür Ihr heutiges Verhalten mit dem von vor fünf Jahren. 2. An welcher schlechten Angewohnheit oder welcher Schwäche habe ich heute gearbeitet? 3. Was möchte ich morgen besser machen als heute?

Denken und Handeln im Einklang

Die täglichen Reflexionen sind stoische Achtsamkeitsübungen, die unsere Aufmerksamkeit für den gesamten Tag stärken und unser Handeln im Hier und Jetzt anleiten sollen. Denn erst im Handeln beweisen wir uns und offenbaren, wer wir wirklich sind. Aktives Handeln ist für die Stoiker ein direkter Zugang zum gegenwärtigen Augenblick. Gemeint sind Momente, in denen wir voll und ganz in einer Tätigkeit aufgehen. Während wir uns auf das konzentrieren, was wir tun, verlieren wir unser Zeitgefühl und handeln, ohne groß zu planen oder zu analysieren. Dabei schüttet unser Körper Hormone aus, die Wohlbefinden und Glücksgefühle befördern können.

Sich verlieren und doch die Kontrolle behalten

Das vollkommene Aufgehen im Moment kann bei einer Vielzahl an Tätigkeiten auftreten, sei es beim Tanzen, Segeln, Schachspielen, Klettern, Singen, Malen, Joggen, Marathonlaufen oder anderen Leistungs- und Extremsportarten. Manche Menschen erleben das Einssein von Gedanken und Tun auch bei der Gartenarbeit, bei Computerspielen, beim Basteln, Rätsellösen, Stricken, Wandern oder beim Yoga.

Wahrscheinlich haben Sie es längst erraten: Es geht hier um das, was Psychologen mit Flow meinen. Rockmusiker erleben ihn regelmäßig, während sie ein Konzert spielen, Schauspieler auf der Bühne und Masseure während der Behandlungen. Selbst bei routinierten und eher trockenen Büroarbeiten erleben viele Menschen immer wieder diesen Zustand. Die meisten Schriftsteller werden Ihnen übrigens bestätigen, dass sie auch beim

Schreiben Phasen erleben, in denen es fließt – aber auch solche, in denen einfach nichts voranzugehen scheint.

Viele Menschen empfinden Flow-Erlebnisse als ein Gefühl zeitloser Verschmelzung mit dem, was sie gerade tun. Sie erleben ihr Denken und Handeln in Einklang. Oft wird auch die Gleichzeitigkeit von Kontrolle und Sich-Verlieren als wesentliches Merkmal benannt. Und entscheidend an diesem Glückserlebnis ist, dass wir dabei eine besonders intensive Erfahrung des gegenwärtigen Augenblicks machen.

Die Belohnung liegt in uns selbst

Ein weiteres Charakteristikum von Flow besteht darin, dass er meistens bei Tätigkeiten auftritt, die nicht an materielle Belohnung oder finanzielle Anreize gebunden sind. Wir gehen der Sache um ihrer selbst willen nach. Bei Leistungs- und Extremsport wird das besonders deutlich. Denn es gibt wirklich keinen Grund, warum wir 43 km laufen oder jeden Tag zwei Stunden am Stück schwimmen sollten. Es geht schlicht um das Erleben des Flow, um das Hinauswachsen über sich selbst und die Glücksgefühle, die damit einhergehen.

In jedem Augenblick aktiv bei der Sache

Flow ist der Champagner unter den Bewusstseinszuständen, der allerdings nur mit Schwarzbrot serviert wird. Denn es braucht einiges an Selbstdisziplin, Konzentration und Ausdauer, um den Zustand aufrechtzuerhalten. Dabei ist es genau diese Mischung aus Aktivität, Gegenwartsbezug, Disziplin und Glücksgefühl, die uns so nachhaltig erfüllt. Denn in der Verbindung von Denken und Handeln schärfen wir unsere Sinne und regen unseren Geist an. Das Flow-Erlebnis ist ein Paradebeispiel für die wichtigsten Werte der Stoiker: Das aktive Leben, ein tugendhafter Charakter (Seite 18 bis 23) und das bewusste Erleben des Augenblicks kommen zusammen. Flow steht letztlich dafür, dass wir im Einklang sind mit uns und unserem Leben.

Ein weiterer Vorteil – im stoischen Sinne – vom bewussten Erleben des gegenwärtigen Augenblicks ist, dass wir zusehen können, wie der jeweils zukünftige Moment eintritt. Denn wenn wir aktiv und bewusst anwesend sind, befördert das eine grundsätzliche Offenheit gegenüber neuen Erfahrungen. Unser erlebendes Ich ist in diesem Moment gleichzeitig gegenwarts- und zukunftsorientiert. Viele Menschen erleben sich im Flow daher auch als besonders kreativ, spontan und empfänglich für neue Impulse.

Den eigenen Flow des guten Lebens finden

Ein gutes Leben beinhaltet nicht nur den einen oder anderen Flow. Ein gutes Leben und einen tugendhaften Charakter streben wir ja um ihrer selbst willen an – weshalb sie geradezu prädestiniert für Flow-Erlebnisse sind. Die Stoiker haben dabei nicht die aufregenden Ereignisse der Superlative im Sinn. Ihnen geht es vor allem um die soliden Flow-Erlebnisse des täglichen Lebens, in denen wir unabhängig werden und uns im gegenwärtigen Moment verlieren. Letztlich verfolgen die Stoiker kein anderes Ziel, als richtiges Denken und tugendhaftes Handeln in Einklang zu bringen. Damit wird das Flow-Erlebnis zu einer Alltagsangelegenheit, denn wir denken und handeln ja quasi immer. Erleben wir täglich einen Flow, erledigt sich übrigens auch die Frage nach dem aufwendigen Sammeln intensiver Höhepunkte. Flow ist das Hoheitsgebiet und die Heimat des erlebenden Ichs. Das erinnernde Ich sollte hier so oft wie möglich die zweite Geige spielen.

HANDELN IST WICHTIGER ALS DENKEN

»Was lässt du dich von Äußerlichkeiten ablenken? Nimm dir Zeit, etwas Gutes dazuzulernen, und höre auf, planlos umherzuirren.«

(Marc Aurel)

Das gute Leben liegt für die Stoiker nicht nur in kontemplativen Achtsamkeitsübungen wie etwa bei der Morgen- und Abendroutine. Für sie spielt die Aktivität sogar eine übergeordnete Rolle. Nicht umsonst waren die größten Stoiker der Antike Politiker, Lehrer, wohlhabende Kaufmänner, Leistungssportler oder Kaiser, also Menschen, die mit beiden Beinen im Leben standen und eine kontinuierliche Wachsamkeit in jedem Augenblick anstrebten. Zugespitzt lautet die Devise des guten Lebens jedoch: Handeln ist wichtiger als Denken.

Achten Sie also darauf, dass Ihr Denken und Handeln in Einklang stehen, konzentrieren Sie sich im Zweifelsfall aber lieber auf Ihre Handlungen als auf Ihre Gedanken und Vorstellungen. Oftmals stehen wir uns damit nur selbst im Weg. Oder mit Seneca gesprochen: »Lasse alle die Bemühungen zielgerichtet sein und behalte dieses Ziel im Blick. Es ist nicht das Handeln, das die Menschen beunruhigt, sondern falsche Vorstellungen von Dingen, die sie um den Verstand bringen.«

Konzentriertes Handeln macht den Kopf frei

Planen Sie jeden Tag ein paar feste Zeiträume ein, in denen Sie sich voll und ganz auf Ihre Handlungen konzentrieren. Dieser Fokus kann uns nicht nur von belastenden Vorstellungen und Sorgenschleifen befreien. Er sorgt auch dafür, dass unsere Gedanken nicht zu schwer wiegen. Für ein gutes Leben sind regelmäßige Alltagsroutinen unverzichtbar, in denen die Gedanken unseren Handlungen folgen und nicht wir unseren Gedanken. Die beruhigende und befreiende Wirkung des Handelns tritt meist schlagartig ein, sobald wir uns von unseren belastenden Gedanken abwenden. Konzentrierte Handlungen machen unseren Kopf frei und ermöglichen es, die Magie des Augenblicks zu erleben.

Alltägliche Handlungen fördern das Lebensglück

Vergessen Sie nicht, dass Sie auch mit kleinen Alltagshandlungen in einen Flow kommen können. Zu einem guten Leben gehören nicht in erster Linie große Taten, sondern ebenso Zähneputzen, Aufräumen, den Müll wegbringen, Einkaufen, Kochen, einen inspirierenden Artikel oder ein gutes Buch lesen, Wäsche sortieren oder Gartenarbeit. Auf die Wichtigkeit der kleinen Schritte und Ziele hat bereits der Begründer der Stoa, Zenon von Kition, aufmerksam gemacht: »Wohlbefinden wird durch kleine Schritte erreicht, ist aber wahrlich keine kleine Sache.«

AUF EINEN BLICK: AUGENBLICK

- **Das Magische:** In jedem einzelnen Moment fließen unsere Eindrücke, Gedanken, Gefühle, Befindlichkeiten und unser Tun zu einem Ganzen zusammen, dazu kommt die Gleichzeitigkeit von Ruhe und Wandel. Das macht jeden Augenblick zu einem besonderen Erlebnis.

- **Der Fehler:** Wir räumen dem Erinnern an Erlebtes meist einen höheren Stellenwert ein als dem Erleben selbst. Nur leider sind unsere Erinnerungen fehlerhaft – schöngefärbt und auf Highlights fixiert.

- **Die Lösung:** Statt hinter möglichen Highlights herzujagen, die wir umgehend zu vergangenen Erinnerungen ummünzen, konzentrieren wir uns auf das, was im Moment passiert.

- **Der Weg:** Um achtsamer in der Gegenwart zu leben, helfen Reflexionen über das, was wir tun wollen, tatsächlich tun und getan haben. Dabei sind letztlich unsere Handlungen wichtiger als das Nachdenken darüber, denn gerade das Handeln findet ausschließlich in der Gegenwart statt.

- **Der Gewinn:** Denken und Handeln fließen mit der Zeit so ineinander, dass wir in beglückende Flow-Zustände geraten. Dies nicht nur bei ausgefallenen Tätigkeiten, sondern auch bei einfachen Alltagsverrichtungen.

IV

DIE KUNST DER VERÄNDERUNG
Wie wir Gewohnheiten und Einstellungen verwandeln

»Nicht, weil die Dinge unerreichbar sind,
wagen wir sie nicht. Weil wir sie nicht wagen,
bleiben sie unerreichbar.«

(Seneca)

WEGLASSEN – EINE STRATEGIE FÜR VIELE LEBENSLAGEN

»Schiebe alles übrige beiseite, halte nur an jenem wenigen fest.«

(Marc Aurel)

Wir entrümpeln unsere Wohnungen, entschlacken unsere Konsumgewohnheiten, stellen unsere Ernährung um, reduzieren die Arbeitszeit, räumen unsere Beziehungen auf, misten Kleider- und Bücherschränke aus und betreiben Digital Detox. Minimalismus ist angesagt. Kaum ein Lebensbereich, der nicht vom Prinzip des »Weniger ist mehr« erfasst worden wäre.

Wer schon einmal versucht hat, an Körpergewicht zu verlieren, weiß jedoch, dass das »Weglassen« keine ganz leichte Aufgabe ist. Eine der effektivsten Methoden besteht darin, ganze Mahlzeiten auszulassen und auf bestimmte Produkte komplett zu verzichten. Probieren Sie es einfach mal aus: Lassen Sie für einen Zeitraum von zehn Tagen alles weg, das Zucker, Kohlenhydrate und viele Fette enthält, dann werden garantiert ein paar Pfunde verschwinden. Aber was sich so leicht anhört, ist in Wirklichkeit eine ziemlich große Herausforderung, denn wir müssen dafür von liebgewonnen Nahrungsmitteln wie Brot, Nudeln, Reis, Alkohol, Schokolade und Frittiertem die Finger lassen. Alles Lebensmittel, die uns mehr oder weniger zur Gewohnheit geworden sind. Trotzdem gilt: Bei einer Diät ist nicht nur entscheidend, was wir essen, sondern auch, was wir weglassen. Eine ähnliche Strategie wird auch in Unternehmen verfolgt, wenn es darum geht, Abläufe zu optimieren. Dabei reicht es häufig schon, die Störungen und Fehler zu beseitigen, um einen Prozess zu verbessern.

Probleme zu vermeiden ist besser, als sie zu lösen

Auch in anderen Bereichen ist der Fokus auf die Beseitigung oder die Vermeidung von unerwünschten Einflüssen und Störfaktoren gang und gäbe. Investoren beispielsweise unterscheiden zwischen »Upsides« und »Downsides«. Erstere umfassen alle positiven Ergebnisse einer Investition, wie zum Beispiel eine vorteilhafte Rendite, Letztere enthalten alle möglichen negativen Ergebnisse und Verluste, bis hin zum Bankrott. Kluge Köpfe halten sich – ganz egal, worum es geht – an diese Regel: Konzentration in erster Linie darauf, Downsides zu vermeiden, und die positiven Ergebnisse werden sich von ganz allein einstellen.

Schülern und Studierenden wird immer wieder empfohlen, bei Prüfungen und Tests die besonders schwierigen Aufgaben erst einmal zu überspringen. Um in einer Matheklausur eine möglichst hohe Punktzahl zu erreichen, müssen wir ein Gespür dafür entwickeln, was wir leicht lösen können und was wir weglassen müssen, um nicht zu viel Zeit zu verlieren. Auch hier gilt letztlich die Devise von erfolgreichen Investoren wie Warren Buffett: »Wir haben nicht gelernt, schwierige Probleme im Geschäftsleben zu lösen. Wir haben gelernt, sie zu vermeiden.« Weglassen heißt also konkret, dafür zu sorgen, dass die schwierigen Probleme gar nicht erst aufkommen und wir auf diese Weise unsere Ziele so gut wie möglich erreichen.

Gut fürs Geschäft, für die Moral und das Glück

In der Ethik, also dem Bereich der Philosophie, der sich mit Moral befasst, unterscheidet man zwei verschiedene Arten moralischen Handelns: das Tun auf der einen Seite und das Unterlassen auf der anderen Seite. Beides kann mit einer ethischen Haltung verknüpft sein, beispielsweise das Spenden von Geld für eine gute Sache oder das Verkleinern des eigenen ökologischen Fußabdrucks (indem wir mehr Fahrrad fahren und öffentliche Verkehrsmittel nutzen). Nicht zuletzt die Corona-Krise hat gezeigt: Weil weniger Autos und Flugzeuge unterwegs waren, hat sich die Luftqualität deutlich verbessert. Das Reduzieren schädlicher Einflüsse scheint für die Umwelt effektiver und insgesamt machbarer als die Umstellung auf erneuerbare und saubere Energien. Wenn aber das Weglassen von Dingen für unternehmerischen Erfolg sowie für moralisches Handeln eine derart vielversprechende Strategie ist, dann liegt der Gedanke nicht fern, dass diese auch für Gelassenheit und Lebensglück von Bedeutung sein könnte.

Unglücklichsein will gelernt sein

In seinem Buch »Anleitung zum Unglücklichsein« stellt der Psychologe Paul Watzlawick fest, wie schwierig es ist, überhaupt zu definieren, was Glück für uns ist. Damit aber nicht genug. Die Vorstellung, Glück und Glücklichsein seien erstrebenswerte Lebensziele, erklärt Watzlawick kurzerhand zu einem »jahrtausendalten Ammenmärchen«. Danach folgt ein kluger Leitfaden, in dem uns Watzlawick mit viel Humor und Liebe zum Detail vor Augen führt, wie wir unser eigenes Unglück selbst erschaffen. Ganz im Sinne der Stoiker erkennt Watzlawick zwei Hauptursachen für unser persönliches Unglück:

1. Eine einseitig und falsch ausgerichtete Suche nach Glück
2. Unser Talent, das eigene Unglück nach bestem Wissen und Gewissen selbst zurechtzuzimmern.

Ob konsequentes Verwerfen und Ignorieren unserer Bedürfnisse, sturer Pessimismus, das Heraufbeschwören von selbsterfüllenden Prophezeiungen oder die Verherrlichung der Vergangenheit, es gibt viele Wege, uns selbst ins Unglück zu stürzen.

IMPULS: KLEINE ANLEITUNG, UNGLÜCK ZU REDUZIEREN

Nehmen Sie sich ein paar Minuten Zeit und denken Sie darüber nach, wie Sie selbst Ihr Lebensglück sabotieren. Seien Sie ehrlich und realistisch in Ihrer Selbstbeurteilung. Wie beeinträchtigen Sie Ihr Glück? Wie schränken Sie Ihre Gesundheit und Lebenszufriedenheit im Alltag am meisten ein? Finden Sie drei Faktoren, die Ihr Unglück am stärksten befördern. Stellen Sie sich dann die Frage: Wie gut stehen die Chancen, diese Faktoren zu beseitigen, zu umgehen oder zu vermeiden? Was müsste dafür geschehen? Wählen Sie abschließend zwei Faktoren aus und machen Sie einen möglichst realistischen Plan mit konkreten Strategien und Ideen, wie Sie in Zukunft anders damit umgehen werden.

Die »Anleitung zum Unglücklichsein« ist ein umgekehrter Glücksratgeber, der uns aufzeigt, welche Fehler wir vermeiden können. Es geht nicht darum, nach dem Glück zu suchen, sondern darum, Unglück zu verhindern. Genau darin liegt eine tiefe Weisheit, die alles andere als neu ist und die man auch als negative Kunst des guten Lebens bezeichnen kann.

Minimalismus als negative Kunst des guten Lebens

Schon die Stoiker waren große Anhänger dieser negativen Suche nach dem Glück. Das gute Leben wird so zu einem Vermeiden allen schlechten Lebens. Oder anders ausgedrückt: Wir erreichen Glück durch Vermeiden und Umschiffen von Unglück beziehungsweise der Ursachen von Unglück – etwa Wutanfälle, chronischer Stress, Eifersucht, Neid, wiederkehrende Selbstvorwürfe, schlechte Laune, Schlafmangel, negative Nachrichten, übermäßiger Alkoholkonsum, starke Voreingenommenheit, sich ständig mit anderen zu vergleichen, zu hohe Erwartungen, übertriebener Perfektionismus, der innere Schweinehund oder zu große Abhängigkeit von der Anerkennung durch andere … Irgendetwas dabei, was Sie im Impuls auf Seite 95 für sich selbst gefunden haben?

Die Liste könnte noch beträchtlich verlängert werden, was sich einfach erklären lässt: Es ist meist leichter zu definieren, was uns unglücklich macht, als konkret zu sagen, was uns glücklich macht. In genau diesem Ausschlussprinzip liegt auch die tiefere Weisheit des Minimalismus. Statt von einem Glücksgefühl zum nächsten zu rennen, minimieren und beseitigen wir einfach alles, was uns daran hindert, glücklich zu sein. Allzu intensiven Glücksgefühlen begegneten die Stoiker ohnehin skeptisch. »Alles, was das Maß überschreitet, ist schädlich, am meisten aber übermäßiges Glück«, schreibt Seneca.

ALTE GEWOHNHEITEN DURCH BESSERE ERSETZEN

»Gewöhne dich auch an das, dessen Ausführung dir anfangs unmöglich erschien. Fasst ja auch die linke Hand, die aus Mangel an Übung gewöhnlich schwächer ist, den Zügel kräftiger als die rechte. Denn daran ist sie gewöhnt worden.«

(Marc Aurel)

Für chronischen Schlafmangel scheint die Sache relativ eindeutig: Wir sollten versuchen, diesen Unglücksbringer zu vermeiden. Denn dauerhafter Schlafmangel schwächt unser Immunsystem und begünstigt unsere Anfälligkeit für Herzinfarkte und Depressionen. Die Entzündungsaktivität im Körper erhöht sich, wir nehmen zu und sind schneller gestresst. Außerdem steigt der Blutdruck und unsere Blutzuckerwerte verschlechtern sich. Selbst die Hormonproduktion wird beeinträchtigt und die sexuelle Leidenschaft lässt nach. Insgesamt vermindert sich unsere gewohnte Leistungs- und Konzentrationsfähigkeit. Alles in allem besteht hier akuter Handlungsbedarf.

In Maßen kann Schlafmangel allerdings anregend wirken und gehört zu einem kreativen und produktiven Arbeitsprozess dazu. Auch die Stoiker empfehlen, zeitweise weniger zu schlafen, wenn es um die Erledigung wichtiger Aufgaben geht. Durch die kurzfristige Reduzierung von Schlaf kann sich auch unsere Stimmung verbessern. Langfristig schlägt Schlafmangel jedoch auf das Gemüt. Dasselbe trifft auf Stress zu, der erst im Übermaß seine zerstörerische Kraft entfaltet. In angemessenen Dosen wirkt er positiv und anregend.

QUALITÄT SCHLÄGT QUANTITÄT

Ärzte weisen immer wieder darauf hin, dass es für einen gesunden Schlaf nicht ausschlaggebend ist, eine bestimmte Stundenzahl zu erreichen. Entscheidend ist, ob wir am Morgen fit sind oder nicht und wie ausgeruht wir uns fühlen. So gibt es beispielsweise Kurzschläfer, die nur ein paar Stunden Schlaf in der Nacht benötigen. Bei ihnen lässt sich kein erhöhtes Erkrankungsrisiko nachweisen, sehr wohl aber bei Menschen mit Schlafstörungen oder Schlafmangel, die gerne länger schlafen würden, dies aber nicht können.

Statt penibel unsere Schlafstunden zu zählen, sollten wir also lieber beobachten, wie frisch wir am Morgen und tagsüber sind. »Nee, nicht jede Nacht! Ich brauche schon mehr Schlaf, damit ich wenigstens einigermaßen konstante Laune habe«, antwortete Angela Merkel einmal auf die Frage, ob sie wirklich nur vier bis fünf Stunden pro Nacht schlafe.

Wollen Sie die positiven Seiten von reduziertem Schlaf für sich nutzbar machen und insgesamt mit weniger Schlaf auskommen, können Sie mit folgenden Faktoren aktiv Einfluss nehmen.

- Verzicht auf Alkohol,
- regelmäßiges Meditieren,
- Ausdauersport und
- eine leichte, gesunde Ernährung

führen dazu, dass Sie mit weniger Schlaf auskommen und sich insgesamt fiter fühlen. Seneca zum Beispiel war Vegetarier und verzichtete auf allzu fettige Speisen. Die richtige Ernährung und der eigene Schlafrhythmus gehören unbedingt dazu, wenn wir im Einklang mit unserer inneren Natur leben wollen.

Von Lerchen und Nachteulen

Ein gutes und aktives Leben, wie die Stoiker es anstreben, hat auch viel damit zu tun, dass wir unsere produktivsten Arbeitsphasen am Tag nicht verschlafen. Das heißt, wir sollten die eigene innere Uhr gut verstehen. Laut dem amerikanischen Wissenschaftler und Motivationsexperten Daniel Pink sind die meisten Menschen keine extremen Früh- oder Spätaufsteher. Die Mehrheit gehört zu den sogenannten »Normvögeln«. Sie sind also weder reine Lerchen noch reine Nachteulen.

Laut Pink lässt sich der Tag in Phasen einteilen. Für Frühaufsteher und Normvögel gilt grob: Höhepunkt (nach dem Aufstehen und am Vormittag), Talsohle (um die Mittagszeit) und Wiederanstieg der Konzentration (späterer Nachmittag) mit anschließender Erholung (Nacht). Für Nachteulen hingegen lautet die Abfolge: Erholung (späte Nachtstunden und Morgen),

Talsohle (Vormittag), Höhepunkt (ab Mittag bis in die späten Abendstunden). Man sollte es vermeiden, die wichtigsten Aufgaben in der eigenen Talsohle zu erledigen. Genauso sollte man darauf achten, dass man die Höhepunkte nicht regelmäßig zur Pause macht. Wer einigermaßen produktiv und im Einklang mit dem eigenen Biorhythmus arbeiten und schlafen möchte, sollte auf die Höhe- und Tiefpunkte innerhalb des Tagesablaufs achten. Auch hier zählt, wie schon beim Nachtschlaf, wieder unsere innere Uhr und weniger die Vorgaben von außen. Denn »nichts bringt uns mehr vom Weg zum Glück ab, als dass wir uns nach dem Gerede der Leute richten«, wusste schon Seneca.

IMPULS: WAS SIND SIE – LANGSCHLÄFER ODER FRÜHAUFSTEHER?

Beobachten Sie an ein paar freien Tagen, wann Sie müde werden und wann Sie aufwachen. Sie werden eine Tendenz feststellen, zum Beispiel gegen 24.00 Uhr ins Bett gehen zu wollen und um 8.00 Uhr die Augen aufzuschlagen. Der Zeitpunkt in der Mitte, in diesem Beispiel 4.00 Uhr, wäre dann Ihre Schlafmitte. Laut Daniel Pink gilt folgende Regel: Liegt Ihre Schlafmitte nach 5.30 Uhr, sind Sie Nachtmensch oder Langschläfer, liegt sie vor 3.30 Uhr, sind Sie Morgenmensch oder Frühaufsteher. Unsere Beispielperson wäre demnach ein »Normvogel« mit Tendenz zum Morgenmenschen.

Das scheinbar Unerreichbare erreichen

Vielleicht gehören Sie ja zu den Bewegungsmuffeln, die regelmäßig daran scheitern, Sport zu treiben – obwohl sie wissen, dass es ihnen gut täte. Mit den folgenden Tricks kann es gelingen, den inneren Schweinehund zu überlisten und scheinbar Unerreichbares zu erreichen – nicht nur, aber auch beim Sport.

- **Positive Anreize suchen:** Sport am Morgen hilft beim Abnehmen und ist gut für die Stimmung. Idealerweise spüren wir die positiven Auswirkungen über den gesamten Tag.
- **Informationen sammeln:** Wissenschaftliche Studien legen nahe, dass eine sportliche Morgenroutine eher gelingt als die Überwindung am Nachmittag oder Abend.
- **Die Kraft der Vorstellung nutzen:** Schon vor und während des Sports können wir daran denken, wie gut und wohl wir uns danach fühlen werden. Damit tricksen wir unser faules Gehirn aus und tarnen die Anstrengung mit Vergnügen.
- **Sich erreichbare Ziele setzen:** Statt mit einem Zwölfkilometerlauf oder einer Stunde Krafttraining anfangen zu wollen, ist es sinnvoller, sich erst einmal kürzere Einheiten vorzunehmen. Also vielleicht nur drei Kilometer oder eine halbe Stunde Gymnastik. Es gilt das Motto: Lieber kürzer und regelmäßig als überhaupt nicht.
- **Die Grenzen ausdehnen:** Sie können dann mit der Zeit aufstocken und jede Woche einen Kilometer oder zehn Minuten dazunehmen. Auch während des Sports können Sie sich jederzeit weitere zehn Minuten oder einen weiteren Kilometer vornehmen. Es ist kein Beinbruch, wenn Sie es nicht schaffen, denn Ihr ursprüngliches Ziel hatten Sie schon erreicht.

Fast automatisch und wie nebenbei erreichen wir mehr Gelassenheit und Lebensglück mit einem gesunden Schlaf und Bewegung. Wobei wir die Betonung auf das »Und« legen können, denn, so schreibt Seneca: »Gute Gewohnheiten ergänzen sich gegenseitig, und deshalb halten sie an.«

Die Macht der Gewohnheit durchbrechen

Kommen wir zu den kleinen Alltagssünden, die uns das Leben versüßen. Gemeint sind Genussmittel wie Schokolade, Kuchen, Kaffee, Zigaretten, das Feierabendbier oder das tägliche Glas Wein zur Entspannung. Haben wir uns erst einmal an solche Dinge gewöhnt, sind die Voraussetzungen zunächst einmal schlechte, um der Versuchung zu widerstehen. Wie aber kommt die Gewöhnung überhaupt zustande?

Wissenschaftler führen Gewohnheiten auf die neuronale Verknüpfung zwischen einem sogenannten Kontextauslöser – zum Beispiel »Feierabend« – und unserer Reaktion darauf – »Bier« – zurück. Unser Gehirn erlebt die Reaktion meist als angenehm. Das heißt, unser Belohnungssystem im Gehirn springt an. Durch häufiges Wiederholen gewöhnen wir uns an dieses Gefühl der Belohnung. Der Kontextauslöser kann ein Zeitpunkt sein, ein Ort oder andere Menschen: Wir trinken Kaffee zu einer ganz bestimmten Uhrzeit. Zuhause nach der Arbeit ziehen wir unsere Wohlfühlklamotten an, mit denen wir ein Gefühl von Freizeit verbinden. Oder wir trinken, immer wenn wir mit Freunden zusammen sind, Alkohol. Um eine Gewohnheit nachhaltig zu verändern, können wir unsere Aufmerksamkeit auf diese Kontextauslöser richten.

So werden neue Gewohnheiten zur Routine

Wenn Sie sich etwas ab- oder angewöhnen wollen, helfen Ihnen die beiden folgenden Methoden:

- **Swapping:** Nehmen wir an, Sie gehen jeden Nachmittag mit einer Kollegin nach draußen, um zu rauchen, möchten sich aber angewöhnen, tagsüber nicht zur Zigarette zu greifen. Sie könnten sich dann sagen: »Statt in der Pause mit jemandem zu rauchen, werde ich alleine in der Küche einen Tee trinken.« Das heißt, Sie ersetzen die Kontextauslöser »Pause« (Zeit), »draußen« (Ort) und »Kollegin« (Person) sowie die Reaktion (nämlich das Rauchen). In der Psychologie nennt man diesen aktiven Austausch von Gewohnheiten Swapping (to swap = austauschen).

NUR 66 TAGE

Besonders bei Ernährungsumstellungen hat sich das Swapping bewährt. Beispiel: Jedes Mal, wenn Sie Lust auf Süßigkeiten bekommen, essen Sie einen Apfel. Laut einer Studie der Gesundheitspsychologen Philippa Lally und Benjamin Gardner brauchten Probanden im Schnitt 66 Tage für eine Ernährungsumstellung. Es dauert also ungefähr zwei Monate, bis eine Gewohnheit durch eine andere ersetzt ist. Das ist gut zu wissen, weil wir effektiver sind, wenn wir den Zeitpunkt kennen, an dem unser Ziel erreicht ist.

- **Stacking:** Bei dieser Methode packt man eine neue Gewohnheit auf eine bereits existierende (to stack = stapeln). Nehmen wir an, Sie versäumen es ab und an, Ihre Zahnzwischenräume zu pflegen, möchten es aber regelmäßig tun. Stapeln Sie Ihren Wunsch auf eine bestehende Gewohnheit, so wird Ihr Ziel greifbarer: »Immer wenn ich Zähne putze, benutze ich auch Zahnseide oder eine Zahnzwischenraumbürste.«

Wir müssen für das Ab-, An- und Umgewöhnen nur eine gewisse Zeit lang unsere Willenskraft bemühen, danach bleiben die neuen Gewohnheiten von allein. Unsere Willenskraft ist allerdings begrenzt, weshalb wir immer nur einige wenige Veränderungen auf einmal angehen sollten. Außerdem variiert es von Mensch zu Mensch und von Gewohnheit zu Gewohnheit, wie lange es dauert, um sie zu verändern. Seien Sie also geduldig mit sich.

IMPULS: OFFEN FÜR VERÄNDERUNG

Versuchen Sie, eine aufgeschlossene Haltung gegenüber Veränderungen einzunehmen. Rufen Sie sich dafür immer wieder die Worte von Marc Aurel in Erinnerung: »Es ist nichts Schlechtes dabei, wenn sich die Dinge verändern, genauso, wie nichts Gutes daran ist, in einem neuen Zustand zu verharren.« Aber seien Sie auch offen für Hindernisse, denn, so Seneca, »es gibt keinen bequemen Weg, der von der Erde zu den Sternen führt«.

PERFEKTIONISMUS UND ANGST SIND SCHLECHTE RATGEBER

»Denn wenn man das meiste von dem, was wir sagen und tun, unterlässt, weil es ja unnötig ist, wird man mehr Muße und inneren Frieden haben.«

(Marc Aurel)

Täglich laufen wir Gefahr, schlecht oder vorschnell zu entscheiden, wenn wir uns zu sehr von unseren vorgefertigten Meinungen und unseren Gefühlen leiten lassen und Fakten zu wenig berücksichtigen. Um gute Entscheidungen treffen zu können, müssen wir wieder unser Gehirn beziehungsweise unser schnelles Denken (siehe Seite 63) überlisten. Oder mit den Worten von Marc Aurel ausgedrückt: »Heute bin ich allen Hindernissen entgangen; oder vielmehr, ich habe alle Hindernisse zurückgewiesen; denn sie lagen ja nicht außer mir, sondern in mir, in meinen Vorurteilen.« Ohne unser bewusstes Zutun würde das schnelle Denken sich immer wieder für den vermeintlich leichtesten Weg und die kurzfristige Belohnung entscheiden. Es ist daher auch nicht dazu imstande, aus vergangenen Fehlern und Erfahrungen zu lernen. Das wäre aber eine wichtige Voraussetzung für ein gutes Entscheidungsmanagement ebenso wie für ein gutes Leben überhaupt.

Um sinnvolle Entscheidungen treffen zu können, brauchen wir wieder einmal unser langsames Denken (siehe Seite 64). Denn nur mit seiner Hilfe gelingt es uns, impulsive, vorschnelle Reaktionen zu vermeiden, verschiedene Optionen zu durchdenken – und auf dieser Basis klug zu entscheiden. Allerdings: Auch die Kapazitäten unseres langsamen, rationalen Denksystems sind begrenzt.

Zu viele Fakten, zu hohe Ansprüche

Schlechte Entscheidungen entstehen häufig, wenn wir zu viele Fakten berücksichtigen wollen und auf diese Art krampfhaft nach der perfekten Lösung suchen. Der Sozialwissenschaftler und Nobelpreisträger Herbert Simon spricht von zwei unterschiedlichen Entscheidungstypen, den sogenannten »Maximierern« und den »Satisficern«. Während die Maximierer unermüdlich nach dem besten Produkt oder nach dem perfekten Angebot Ausschau halten, geben sich die Satisficer damit zufrieden, wenn etwas oder eine Situation gut genug ist. Besonders Letztere bringen Bauch- und Kopfentscheidungen oftmals in Übereinstimmung. Typische Situationen für Maximierer sind die Jagd nach der günstigsten Urlaubsreise oder die Suche nach dem perfekten Partner.

Gerade im Urlaub und in Partnerschaften ist jedoch die Wahrscheinlichkeit sehr hoch, dass nicht alles den eigenen Wünschen entspricht. Allzu hohe Ansprüche verhindern hier sogar den Effekt, um den es eigentlich geht – Erholung und eine erfüllte Beziehung. In beiden Fällen stellt sich das gewünschte Ergebnis am ehesten ein, wenn wir unsere Ansprüche senken und weniger Zeit verlieren mit Online-Suche, Faktenchecks und Angebotsvergleichen. Sehr viel besser wäre es, einen Teil unserer Aufmerksamkeit dem eigenen Wohlbefinden zu widmen, indem wir insgesamt weniger erwarten. Auch von uns selbst.

Angst, die falsche Option zu wählen

Mindestens genauso verbreitet wie perfektionistische Ansprüche ist die Angst, sich für das Falsche zu entscheiden. Wir halten uns dann möglichst alle Optionen offen und schieben deshalb Entscheidungen immer weiter vor uns her. Es gibt drei gewichtige Gründe dafür, warum wir Angst vor falschen Entscheidungen haben – und drei Lösungen:

1. Sorge, etwas zu verpassen: Es ist selten klug, alles auf eine Karte zu setzen, es ist aber auch nicht gut, sämtlichen Optionen nachzulaufen. Die Angst, etwas zu verpassen, nährt einen perfektionistischen Anspruch und kann sogar depressiv machen. »Fear of Missing Out« nennen Psychologen diese Angst.

Gegenmittel: Entwickeln Sie »Joy Of Missing Out«, also die Lust, etwas zu verpassen: Erstellen Sie eine Liste mit Dingen, auf die Sie ab und an auch mal gerne verzichten könnten. Und freuen Sie sich darauf, es zu tun. Das hilft, Termine auch mal abzusagen und Prioritäten zu setzen.

2. Negative Stimmung: Wir alle haben Phasen, in denen wir schlecht drauf sind und unser Selbstbewusstsein am Boden liegt. Wir können uns dann nicht oder nur schwer zu etwas durchringen. Selbstzweifel und der Glaube, sowieso zu scheitern, zögern unsere Entscheidungen hinaus.

Gegenmittel: Akzeptieren Sie Ihren momentanen Zustand. Es gibt bessere und schlechtere Zeitpunkte, etwas zu entscheiden. Verschieben Sie bewusst Ihre Entscheidung, bis Sie wieder in Form sind. Denken Sie in solchen Phasen an Marc Aurels Worte: »Denn das bringt guten Mut, nicht nur, weil man dann das Richtige tut, sondern auch, weil man nur wenig tut.«

IMPULS: MACHEN SIE NOT-TO-DO-LISTEN

To-do-Listen sind in, aber mit Not-to-do-Listen können Sie die negative Kunst des guten Lebens (siehe Seite 96) im Bereich Entscheidungsfindung aktiv anwenden. Wenn Sie zum Beispiel fünf Optionen haben, sind die unrealistischste und die unattraktivste schon mal Don'ts. Ebenso alles, was Sie ablenkt. Das können so unterschiedliche Dinge sein wie ständig Facebook checken, zu hohe Ansprüche stellen oder sich Gedanken um das eigene Image machen. Not-to-do-Listen helfen dabei, Unwesentliches auszufiltern.

3. Innere Unsicherheit: Weit verbreitet in unserer Leistungsgesellschaft ist die grundsätzliche Angst davor, einen Fehler zu machen, beziehungsweise davor, dass wir uns blamieren könnten – vor uns selbst und vor anderen.

Gegenmittel: Lenken Sie Ihre Aufmerksamkeit bewusst auf den Prozess der Entscheidungsfindung – und damit weg von Ihren Ängsten. Machen Sie einen Plan, bis wann die Entscheidung stehen soll, überlegen Sie, ob Sie Freunde einbeziehen oder sich professionelle Unterstützung holen könnten, und nehmen Sie sich täglich 15 Minuten Zeit, das Für und Wider abzuwägen. Wenn wir uns darin üben wollen, möglichst gute Entscheidungen zu treffen, sollten wir den Veränderungshebel bei unserem Perfektionismus und unserer Angst ansetzen, denn beide sind, wie Sie gesehen haben, keine guten Ratgeber.

AUF EINEN BLICK: VERÄNDERUNG

- **Grundsatz:** Die Stoiker wussten es und moderne Psychologen können es bestätigen – das Streben nach Dingen, die glücklich machen, führt nicht zum Glück. Vielversprechender ist es, das, was unglücklich macht, zu vermeiden. Glück und Zufriedenheit stellen sich häufig dann ein, wenn wir Dinge gezielt weglassen und uns wie die Stoiker in der negativen Kunst des guten Lebens üben.

- **Umsetzung:** Konkret können wir das Prinzip des Weglassens anwenden, wenn wir zum Beispiel unsere Ernährung verbessern oder lernen möchten, uns nach unserer inneren Uhr zu richten. In diesem Sinne gesund zu leben, heißt Stress zu reduzieren. Damit können wir auch erfolgreicher unsere Ziele verfolgen und kluge Entscheidungen treffen – also ein aktives und zufriedenes Leben führen.

- **Haltung:** Veränderung erfordert nicht nur Strategien, sondern auch eine offene, ehrliche und aufgeschlossene Einstellung, etwa wenn es darum geht, selbstgemachte Unglücksbringer auszumachen. Veränderung eröffnet immer auch mehrere Wege und mögliche Ziele, ist also eng mit Entscheidungen verbunden. Auch hier ist Offenheit gefragt. Die hundertprozentig beste Lösung finden zu wollen und die Angst zu versagen lähmen die Entscheidungsfindung. Realistisches Abwägen ist gefragt.

V

DAS GLÜCK DES SINNS
Wie wir uns motivieren und uns dabei selbst treu bleiben

»Schon auf dem Weg, wenn er denn der rechte ist, wird man merken, wie weit man täglich kommt, um wie viel man dem Ziel näher ist, zu dem uns ein natürliches Verlangen hintreibt.«

(Seneca)

WARUM WIR TUN, WAS WIR TUN

»Wenn für dich etwas schwer zu bewältigen ist, dann glaube nicht, dass es für den Menschen an sich unmöglich sei, sondern wenn etwas für den Menschen möglich und angemessen ist, dann glaube, dass das auch für dich erreichbar ist.«

(Marc Aurel)

Die Frage nach unserer Motivation ist meist einfacher zu beantworten als die Frage »Wer bin ich?« (siehe Seite 26 bis 33). Verglichen mit der Beschreibung unserer Identität, ist es geradezu ein Kinderspiel, in ein paar wenigen Sätzen zu erklären, warum und wozu wir etwas machen. Die Frage, warum wir etwas tun, hängt allerdings eng mit unserer Persönlichkeit zusammen und ist daher eine Abkürzung zu uns selbst. Ein Blick auf unsere Motivation ist aber vor allem dann lohnenswert, wenn wir einen akuten Mangel an Sinn erleben.

Die beliebtesten Beweggründe, warum wir tun, was wir tun, lassen sich für die Stoiker an einer Hand abzählen: Geld, Anerkennung, Status, Macht und Ruhm. Unter 20- bis 30-Jährigen ist der Traum von einem wohlhabenden und einflussreichen Leben besonders stark ausgeprägt. Im Gegensatz zu Grundbedürfnissen oder Motivation 1.0 – etwa Hunger, Durst oder Sex – haben wir es hier mit externen Anreizen oder Motivation 2.0 zu tun. Alles in allem sind die fünf Beweggründe der Stoiker eine gute Beschreibung dieser externen Anreize – und jeder für sich ein Synonym für gesellschaftlichen Erfolg.

Statusangst ist menschlich

Ganz unabhängig von den persönlichen Vorlieben sind äußere Anreize immer ein wichtiger Bestandteil unseres Lebens und Arbeitens. Psychologen sprechen hierbei auch von extrinsischer Motivation. Sie lässt sich in zwei psychologische Motive unterteilen:

- Streben nach **Belohnung** und
- Vermeiden von **Bestrafung.**

Diese äußeren Faktoren sind wichtig, da sie uns zum Beispiel motivieren, Geld zu verdienen, um die Miete zu bezahlen und eine Familie zu ernähren. Sie bringen allerdings auch Nachteile mit sich. In einer Welt, in der Status, Geld, Einfluss und Macht als Erfolgsmesser dienen, steigt auch die Angst vor Misserfolg oder die Angst, Erreichtes wieder zu verlieren. In unserem kapitalistischen, auf Gelderwerb und Profit ausgerichteten Wirtschaftssystem hat Geld einen nahezu unausweichlich hohen Stellenwert. Es verleiht uns die Garantie auf Statussymbole, Komfort, soziale Vernetzung und Sicherheit. Allerdings leben wir auch in einer sich tiefgreifend und rasant wandelnden Welt, wodurch diese Garantie permanent bedroht ist. Statusverlust, ausgelöst durch Arbeitslosigkeit, Pandemien, Insolvenz, Fehlspekulationen an der Börse oder größere Wirtschaftskrisen, ist eine reale Gefahr – und Statusangst durchaus menschlich.

Motivation 3.0 für mehr Lebenssinn

Für die Stoiker ist Statusangst der beste Weg, uns unglücklich zu machen, weil sie das Wesentliche und einen Sinn des Lebens verkennt und unsere Lebensqualität massiv einschränkt. Je größer die Statusangst, desto höher die Abhängigkeit von äußerer Belohnung und Bestrafung.

Der einfachste Weg zu mehr Lebenssinn läuft über die intrinsische Motivation oder die Motivation 3.0. Ihretwegen tun wir Dinge, die wir interessant finden, die uns Freude bereiten und für die wir uns aus uns selbst heraus einsetzen. Sie hängt also eng mit dem Flow zusammen (siehe Seite 81 bis 87). Fehlt uns diese Motivation, laufen wir Gefahr, einfach vor uns hin zu leben oder, noch schlimmer, von außen gelebt zu werden. Das heißt also: Motivation 1.0 (die Grundbedürfnisse) und Motivation 2.0 sind zwar gut und wichtig für das Leben, aber nur dann wirklich befriedigend, wenn die Erfahrung der Sinnerfüllung hinzukommt.

Wir wollen nützlich sein

Die Vorteile der besonderen Motivation 3.0 können sich sehen lassen: Intrinsisch motivierte Menschen haben ein höheres Selbstwertgefühl, bessere soziale Beziehungen und sind insgesamt kreativer. Sie lernen schneller, arbeiten produktiver und sind glücklicher.

Der amerikanische Wissenschaftsjournalist und Motivationsforscher Daniel Pink beschreibt in seinem Buch »Drive«, woraus sich unsere intrinsische Motivation speist, nämlich aus dem »Bedürfnis, unser Leben selbst zu bestimmen, zu lernen und neue Dinge zu erschaffen sowie uns selbst und unserer Umwelt Gutes zu tun.« Damit nähert er sich einem Ideal, dem auch die Stoiker in ihrem Streben nach einem guten Leben gefolgt sind.

Intrinsische Motivation – der Königsweg zu einem guten Leben

Aus Pinks Beschreibung lassen sich drei einzelne innere Beweggründe herausfiltern, die unsere Motivation 3.0 ausmachen:

1. Selbstbestimmung: Damit ist gemeint, dass wir frei darüber entscheiden dürfen, was wir tun, wann wir es tun, mit wem und mit welchen Mitteln wir es tun. Studien legen nahe, dass selbstbestimmt arbeitende Menschen nicht nur zufriedener, sondern häufig auch erfolgreicher sind als ihre Kollegen.

Epiktet hat vor 2000 Jahren unser Bedürfnis nach Selbstbestimmung und Augenhöhe mit diesen Worten auf den Punkt gebracht: »Vertraue nicht auf deinen Ruf, auf dein Geld oder deine Stellung, sondern in deine innere Stärke: deine Einschätzung dessen, was unter deiner Kontrolle steht und was nicht. Denn das allein macht uns unabhängig und frei, es zieht uns beim Schopf aus den Tiefen empor bis auf Augenhöhe mit den Reichen und Mächtigen.«

2. Perfektionierung: Hier geht es um unser Bemühen, bei wichtigen Aufgaben immer besser zu werden. Dazu gehört auch die Einsicht, dass unsere Begabungen nicht begrenzt sind, sondern etwas, das sich immer noch ein Stück weit verfeinern lässt. Der Prozess der Perfektionierung ist genauso frustrierend wie verlockend, weil man nie das Ende der Fahnenstange erreicht.

Auch Marc Aurel erkannte den Wert der Perfektionierung: »Keine Tätigkeit soll aufs Geratewohl oder anders als nach den Regeln vollendeter Kunst ausgeführt werden.« Und Epiktet beschreibt das stoische Ideal lebenslanger Verbesserung so: »Aber was sagt Sokrates? ›Ich widme mich mit Freude der

Aufgabe, mich von Tag zu Tag zu verbessern, so wie die einen daran Freude haben, ihren Hof zu verbessern, und die anderen an ihrem Pferd arbeiten.‹«

3. Sinnerfüllung: Der Begriff steht für das natürliche Bedürfnis des Menschen, nach etwas zu streben, das größer ist als er selbst. Konkret bedeutet das, auch für andere da zu sein, sei es als Eltern für die Kinder, in einem Ehrenamt oder für das Wohl eines Unternehmens.

Die Stoiker stellten, wie vor ihnen bereits Sokrates, Platon und Aristoteles, das Allgemeinwohl ins Zentrum ihrer Ideen. Sie wussten, dass Menschen ein starkes Bedürfnis haben, nützlich zu sein und anderen Gutes zu tun. Das Gefühl, etwas zu tun, was auch für andere gut und nützlich ist, macht wahrscheinlich den Kern erlebter Sinnerfüllung aus. Wir wollen etwas in der Welt bewirken und einen positiven Einfluss ausüben.

WER SIND DIE ANDEREN?

Das Größere oder die »anderen« sind nicht nur Familie, Kinder, der Freundeskreis, das Team, Partner, Jugendliche, Künstler, arme und kranke Menschen in Not, sondern auch Tiere, Pflanzen, Umwelt oder das Klima. Selbst politische Institutionen und die Demokratie können wir sinnstiftend unterstützen. Entscheidend ist, dass wir uns für eine Sache einsetzen, die größer ist als wir.

Ein sinnerfülltes Leben setzt für Seneca voraus, »nützlich zu sein, anderen zu helfen, sich nicht nur um sich selbst zu kümmern, sondern um alle im Allgemeinen und jeden im Besonderen«. Und für Marc Aurel ist Sinnerfüllung so etwas wie der Flow für einen guten Zweck oder das große Ganze. Über das Besondere dieser Erfahrung schreibt er: »Niemand ermüdet, wenn er seinen Nutzen sucht; Nutzen aber gewährt eine Tätigkeit im Einklang mit der Natur. Werde drum nie müde, deinen Nutzen zu suchen, indem du anderen nützest!«

Ein Teil des menschlichen Egoismus

Das Bedürfnis, für andere da zu sein, ist den meisten Menschen angeboren und der direkteste Weg zu mehr Zufriedenheit und Lebenssinn. Denn dass Helfen glücklich macht, darin sind sich Forschung und sozial engagierte Menschen einig. Insofern wäre das Streben nach etwas Höherem Teil des menschlichen Egoismus. Das sahen auch die Stoiker so. Für Marc Aurel liegt im regelmäßigen Unterstützen anderer sogar eine Form von Erholung: »Nur an einem erfreue dich und finde darin Erholung: Von einer gemeinschaftsfördernden Tat zur nächsten fortzuschreiten.« Vielleicht denken Sie das nächste Mal an diese Worte, wenn Sie sich ausgelaugt oder sinnentleert fühlen.
Die Erfahrung, anderen von Nutzen zu sein, könnte ähnliche Wirkungen entfalten wie ein Kurzurlaub.

Auch für Seneca bedeutet Sinnerfüllung, ein Stück weit von sich selbst abzusehen und dabei gleichzeitig etwas für sich zu gewinnen, wenn er schreibt: »Nichts Erhabenes, Hohes wird der Mensch erreichen, solange er ganz bei sich ist.«

SINN KANN MAN NICHT KAUFEN

»Ich sage, dass Reichtum kein Gut ist; denn wenn er es wäre, würde er gut machen: Da er nun aber, weil er auch bei Schlechten angetroffen wird, nicht als Gut bezeichnet werden kann, verweigere ich ihm diesen Namen. Im Übrigen gestehe ich zu, dass er nützlich ist und große Annehmlichkeiten des Lebens mit sich bringt.«

(Seneca)

»You can't buy happiness«, sagt die Schwester vom Dalai Lama, Jetsun Pema, in »But Beautiful«, einem Film des österreichischen Regisseurs Erwin Wagenhofer. Wir können nicht in ein Einkaufszentrum gehen und uns dort eine Portion Glück oder Zufriedenheit kaufen. Nicht viel anders verhält es sich mit Sinn. Glück, Sinn und Zufriedenheit wären demnach unabhängig von Reichtum oder Vermögen. Und doch: In einer bekannten Studie fanden die Wirtschaftsnobelpreisträger Daniel Kahneman und Angus Deaton heraus, dass die Zufriedenheit von Menschen in den westlichen Industriestaaten mit zunehmendem Einkommen ansteigt, dieser Anstieg jedoch ab einem jährlichen Einkommen von 75000 Dollar aufhört. Nicht berücksichtigt ist hierbei, ob die Befragten auch über Vermögen verfügen.

Andere psychologische Studien lassen vermuten, dass viele Millionäre sich in nahezu allen Lebensbereichen deutlich glücklicher fühlen als der Rest der Bevölkerung. Die Reichen waren nicht nur zufriedener mit ihrem Einkommen, ihrer Gesundheit, ihrer Familiensituation und ihrem Wohnumfeld, sondern auch mit dem Leben insgesamt. Gleichzeitig ließ sich zeigen, dass auch Menschen mit einem durchschnittlichen Einkommen weitgehend zufrieden sind, solange sie Vermögen haben. Nur hinsichtlich der Freizeit waren sie etwas unglücklicher als die ganz Reichen, was auf höhere Arbeitszeiten zurückgeführt wird.

Experten haben dafür eine relativ einfache Erklärung: Noch mehr als ein hohes Einkommen hat Vermögen eine zentrale Absicherungsfunktion. Es kann wegbrechende Einnahmen auffangen, etwa in Krisenzeiten. Ein Grund, der vermutlich noch wichtiger ist, lautet: Vermögen schenkt Freiheit. Man kann sich zum Beispiel Auszeiten gönnen und den Job wechseln, wenn man damit unglücklich ist. Halten wir an dieser Stelle also fest: Ein Vermögen erhöht das Gefühl von Sicherheit und Freiheit, vorausgesetzt, wir sind mit den meisten anderen Bereichen unseres Lebens, etwa in der Partnerschaft, zufrieden. Wenn die Hamburger Wochenzeitung DIE ZEIT mit der Verlosung von Goldbarren im Wert von 10000 Euro um neue Abonnenten wirbt, dann spricht sie damit exakt diesen Wunsch nach Freiheit und finanzieller Unabhängigkeit in uns an.

Materielle Absicherung nicht um jeden Preis

Die Stoiker empfehlen ausdrücklich, sich möglichst frei zu machen von Faktoren wie Geld und Reichtum. Obwohl einige von ihnen, etwa Seneca und Marc Aurel, sehr wohlhabend waren, sind sie – anders, als die moderne Forschung zeigt – davon überzeugt, dass innere Freiheit und Zufriedenheit nicht davon abhängen.

Es gibt zwei Gründe, warum es tatsächlich äußerst riskant ist, unser Glück von Reichtum abhängig zu machen. Erstens kommen nur die wenigsten von uns in den Genuss eines größeren Vermögens oder gar dahin, das Leben eines Millionärs zu führen. Zweitens ist ein Vermögen nicht für alle Zeiten sicher und wir können es, ob nun selbstverschuldet oder aufgrund äußerer Umstände, auch wieder verlieren.

Fassen wir also zusammen: Bis zu einem gewissen Punkt wächst die Zufriedenheit analog zum Einkommen. Auch ein Vermögen erhöht Zufriedenheit, verleiht graduelle Freiheit und kann einige Entscheidungen erleichtern, weil man abgesichert ist. Irgendwann passiert aber, was mit allem passiert, das wir auf der Ebene von Motivation 1.0 und 2.0 anstreben: Unsere Lebenszufriedenheit bleibt davon unberührt – ein hoher Preis.

IMPULS: SINNERFÜLLUNG FINDEN

Nehmen Sie sich ein paar Minuten, um sich die folgenden Fragen zu beantworten: Können Sie die fünf wichtigsten Werte und Ziele Ihrer momentanen Lebensphase aufzählen? In welchen finden sich die Aspekte Selbstbestimmung, Perfektionierung und Sinnerfüllung wieder? Was können Sie tun, um der Erfahrung von Sinnerfüllung mehr Platz in Ihrem Leben zu geben? In welchen Bereichen müssten Sie dafür Ihre Werte und Ziele konsequenter umsetzen?

Sinn lässt sich endlos steigern

Was Kahneman und Deaton für unser Einkommen gezeigt haben, gilt letztlich auch für Status, Macht, Ruhm, Anerkennung und Erfolg insgesamt. All das ist steigerbar, wirkt sich aber ab einer gewissen Quantität nicht mehr auf unsere Gesamtzufriedenheit aus. Daher gilt: Lassen Sie sich vom Traum eines großen Vermögens nur dann verführen, wenn Sie realistische Chancen haben, ihn zu verwirklichen. Warten Sie nicht, bis Sie zum ausgewählten Kreis der Millionäre gehören. Hängen Sie Ihr Herz nicht an die Illusion von unbegrenzter Absicherung und materieller Freiheit.

Die gute Nachricht lautet nämlich: Sie schaffen es auch ohne großes Vermögen, zu höchster Zufriedenheit und Sinnerfüllung zu gelangen. Im Gegensatz zu finanziellem Erfolg und gesellschaftlichem Ansehen und Einfluss bleibt der Zustand der Sinnerfüllung tendenziell endlos steigerbar. Dafür müssen wir uns nur täglich unserem persönlichen Lebenssinn widmen und das verfolgen, was uns intrinsisch motiviert.

Es ist letztlich unwichtig, ob wir uns für Musik, Marketing, Psychologie, Politik, Dienstleistungen, PR, grüne Technologien, Gewaltfreie Kommunikation, Verkauf, Pflege, Jura, Mode oder Künstliche Intelligenz interessieren. Wenn unsere Ziele und Werte zu dem passen, was uns ausmacht, führen sie uns automatisch zu Momenten von Selbstbestimmung, Perfektionierung und Sinnerfüllung. Wir gehen unseren Tätigkeiten und Neigungen dann nicht nach, um andere zu beeindrucken, sondern uns selbst. Oder anders ausgedrückt: Wir bleiben uns selbst treu.

ETWAS IN UNS, DAS UNS NIEMAND WEGNEHMEN KANN

»Ehre das stärkste der Dinge im Kosmos. Dieses ist aber das, was alles gebraucht und alles ordnet. Ebenso ehre aber auch das Stärkste in dir. Es ist das, was jenem verwandt ist. Denn auch bei dir ist es das, was alles andere gebraucht und dein Leben ordnet.«

(Marc Aurel)

Die Schauspielerin Sandra Hüller erzählt in einem Podcast über Kinder- und Jugendliteratur, dass sie als Kind Gedichte auswendig gelernt hat. Vor allem eines trägt sie bis heute immer mit sich. Es ist das Gedicht »Erlebnis« von Hugo von Hofmannsthal, in dem Tod und Leben wie in einem Traum miteinander verschwimmen. Warum hat sie das Gedicht im Gedächtnis behalten? Der Grund, den sie dafür nennt, ist aufschlussreich und berührend gleichermaßen: »Weil ich irgendwann die fixe Idee hatte, falls ich irgendwann mal irgendwo festsitzen sollte, wo ich nicht mehr wegkomme, dann habe ich wenigstens Dinge in meinem Gehirn, die mir keiner wegnehmen kann.«

Der kindliche Wunsch nach etwas Eigenem, das wir in uns tragen und das uns niemand wegnehmen kann, steht für unsere Sehnsucht nach einem Lebenssinn. Dabei soll dieser Sinn einerseits in uns liegen, nämlich erfahrbar sein, andererseits aber auch etwas sein, das größer ist als wir. Wie auch immer wir das nennen – innerer Reichtum, Würde, Geist, Weisheit, Prinzipien, Sinn oder etwas, das man uns nicht wegnehmen kann.

Tröstende Liebeserklärungen aus dem Gefängnis

Im 6. Jahrhundert, unter dem Ostgotenkönig Theoderich, war der römische Philosoph und Staatsmann Boethius einer der bedeutendsten Politiker, bevor er zum Tode verurteilt und schließlich öffentlich hingerichtet wurde. Während seiner Haft verfasste er sein Buch »Trost der Philosophie«. Darin gibt er sich selbst Rechenschaft über sein Leben und findet den Trost dabei bei den Stoikern.

Boethius besinnt sich in seiner ausweglosen Situation auf seine Stärken und Werte. Dabei geht es weniger um die Angst vor dem Tod, sondern vielmehr um seinen Prozess der Selbsterkenntnis. »Also besitzen Selbstgenügen und Macht ein und dasselbe Wesen«, notiert er. Wobei Macht hier Macht über uns selbst, also Selbstbeherrschung, meint. In stoischer Tradition betrachtet er sich als ein Wesen, das frei und unabhängig ist von seinen Leidenschaften. Dabei spricht er sich Mut zu und bestätigt die stoische Erkenntnis, dass alle äußeren Güter wie Schönheit, Reichtum, Status, politischer Erfolg und Ruhm vergänglich sind. Lediglich das höchste Gut ist in seinen Augen vollkommen und erfüllend: Sinn in sich selbst zu finden.

Harmonie der Seele mit sich selbst

Die Erfahrung, dass wir etwas in uns haben, das uns niemand wegnehmen kann, zählt auch der weltbekannte Psychiater Viktor Frankl zu einem existenziellen Element für den persönlichen Lebenssinn. Selbst im Konzentrationslager und nachdem seine Eltern, seine Frau und sein Bruder ermordet waren, sah er die Möglichkeit, sein Leben als sinnvoll zu begreifen.

IMPULS: AN DEN INNEREN ORT GEHEN

Schließen Sie die Augen und begeben Sie sich an einen imaginären Ort, an dem Sie sich sicher fühlen. Lassen Sie Ihrer Fantasie freien Lauf, die Hauptsache ist, Sie fühlen sich wohl. Vielleicht sitzen Sie in einer gemütlichen Berghütte in eine Decke eingehüllt vor dem Kamin, auf einer hohen Bergspitze mit Blick über ein schönes Tal, auf einer duftenden Blumenwiese oder einer sonnendurchfluteten Lichtung im Wald. Verweilen Sie für ein paar Minuten an diesem Ort und spüren Sie innere Geborgenheit. Suchen Sie diesen Ort am besten morgens auf und nehmen Sie das Wohlbefinden von dort mit in Ihren Tag. Es ist ein Ort, den Ihnen niemand wegnehmen kann.

Viktor Frankl ist möglicherweise das berühmteste Beispiel für einen Menschen aus dem 20. Jahrhundert, der auch unter tragischsten und hoffnungslosesten Umständen einen Weg gefunden hat, sein Leben sinnvoll zu gestalten. Selbst als man ihm seine äußere Würde nahm, fand er etwas in sich, das ihm niemand wegnehmen konnte. Ein Beispiel dafür, wie die »Harmonie der Seele mit sich selbst« – laut Seneca eines der höchsten stoischen Güter – unabhängig von äußeren Bedrohungen als sinnvoll und sinnstiftend erlebt werden kann. Die Stoiker würden Viktor Frankl wahrscheinlich als würdevollen Nachfolger ihrer Schule betrachten.

AUF EINEN BLICK: SINN

- **Was uns antreibt:** Menschliches Handeln ist motiviert durch Grundbedürfnisse wie Hunger, extrinsische Motivation, also äußere Anreize wie Geld oder Ansehen, und schließlich durch intrinsische Motivation, die in uns selbst, in unserer Persönlichkeit liegt.

- **Was uns begrenzt:** Materieller und gesellschaftlicher Erfolg kann nur bis zu einem gewissen Grad für Zufriedenheit sorgen. Handeln wir vor allem extrinsisch motiviert, macht sich irgendwann das Gefühl von Sinnlosigkeit in uns breit.

- **Was uns vorwärts bringt:** Als sinnhaft erleben wir uns und unser Leben, wenn wir Dinge aus uns selbst heraus in Angriff nehmen, wenn wir Ziele haben, die zu uns passen und die wir nicht der Belohnung wegen oder aus Angst vor Strafe tun.

- **Was uns größer macht:** Anderen oder der Allgemeinheit etwas Gutes zu tun, macht glücklich, denn der Mensch strebt auch nach etwas, das außerhalb seiner selbst liegt.

- **Was Sinn stiftet:** Verknüpfen wir intrinsisch motivierte Ziele, die zu uns passen, mit dem Aspekt des Nutzens für alle, dann haben wie die Chance, möglichst selbstbestimmt zu handeln, dabei immer besser zu werden und das Gefühl von Erfüllung zu erfahren.

VI

DER REIZ DES ALLEINSEINS
Wie wir uns selbst aushalten und unsere Einzigartigkeit entdecken

»Einsamkeit suchen die Menschen auf ländlichen Fluren, am Meeresufer, in den Bergen. Doch einer wie beschränkten Ansicht entspringt dieser Wunsch! Kannst du dich doch, sooft du nur willst, in dich selbst zurückziehen. Gibt es doch nirgends eine stillere und ungestörtere Zufluchtsstätte als die Menschenseele.«

(Marc Aurel)

POSITIVE ASPEKTE VON EINSAMKEIT

»Geh tief in dich. Denn es gibt in dir eine Quelle des Guten, die nie versiegt, wenn du nur tief genug gehst.«

(Marc Aurel)

Als ich in Paris studierte, ging ich mehrmals pro Woche in ein Café. Bezeichnenderweise trug es den Namen »Pause« und lag nur ein paar Straßen von meiner Wohnung entfernt. Ich ging stets allein dorthin und bestellte mir einen Café crème. Manchmal beobachtete ich das Treiben auf der Straße und im Café. Ab und an las auch ich einem Buch oder einer Zeitschrift, oder ich wechselte ein paar Worte mit den Menschen vor Ort. Die meiste Zeit hing ich jedoch einfach meinen Gedanken nach und beobachtete, welche Gefühle und Impulse sich in mir regten. Der tägliche Café crème im Café Pause wurde schnell zu einem wichtigen Ritual für mich. Er war wie ein Anker in einer ansonsten schnelllebigen und anonymen Weltmetropole.

Paris war aufregend, groß und fremd. Im Café Pause setzte ich mich bewusst meinem Gefühl von Alleinsein und Einsamkeit aus. Oder anders ausgedrückt: Ich übte mich in der Kunst, mich selbst auszuhalten und allein zu sein. Denn die regelmäßigen Pausen mit mir waren nicht immer angenehm. Manchmal fühlte ich mich einsam und verloren. Aber sie waren fruchtbar und meist ging ich danach um ein paar inspirierende Erkenntnisse und Gedanken reicher in den weiteren Tag.

Psychologen sprechen bei dieser Art von Alleinsein auch von der Fähigkeit, sich zu vertiefen. Solche Zustände gleichen den

Flow-Erlebnissen, in denen wir den eigenen Impulsen und Interessen nachgehen (siehe Seite 84 bis 87). Sie müssen nicht alleine nach Paris fahren, um das auszuprobieren. Es reicht, wenn Sie sich an einen beliebigen Ort setzen und folgende zwei Dinge tun:

1. sich selbst zuhören
2. den Fokus auf die eigenen Interessen und Impulse legen

Nichts anderes tat ich im Café Pause. Ich setzte mich hin, beobachtete meine Gedanken und Gefühle und wartete darauf, dass etwas auftauchte, das mich wirklich interessierte. Ich beobachtete und wartete so lange, bis ich mir sicher war, dass der Impuls wirklich meiner war und zu mir gehörte. Dabei machte ich mir jedes Mal Notizen und hielt besonders wichtige Erkenntnisse und Beobachtungen fest.

Alleinsein stärkt die Beziehung zu uns selbst

Kaum etwas konfrontiert uns so sehr mit uns selbst wie das Alleinsein. Wir kommen zum Beispiel mit dem Gefühl von Langeweile und innerer Leere in Kontakt, oder wir fühlen uns einsam. Vor allem die Angst vor Einsamkeit führt nicht selten dazu, dass wir es gänzlich vermeiden, allein zu sein. Lieber rufen wir jemanden an, verabreden uns oder zücken unser Handy. Statt den Moment des Alleinseins wahrzunehmen, uns selbst zuzuhören und auszuhalten, stürzen wir uns in Ablenkungsmanöver und Aktionismus. Oder wir fangen an zu planen, gehen innerlich unsere To-do-Liste durch, denken an vergangene oder zukünftige Situationen. Wie auch immer wir uns die Zeit vertreiben, im Alleinsein kommen wir mit unseren Vermeidungsstrate-

gien in Kontakt. Wir können unsere Fluchttendenzen beobachten und aktiv gegensteuern. Indem wir den inneren Widerständen und Ablenkungsstrategien nicht nachgeben, halten wir uns selbst aus und schaffen Raum für uns. Alleinsein wird so zu einer wichtigen Erfahrung, um folgende Fähigkeiten zu trainieren:
Die Fähigkeit,

- uns zu vertiefen
- uns zu reflektieren
- uns selbst auszuhalten
- uns zu vertrauen
- unsere Einzigartigkeit zu sehen
- eine Beziehung zu uns selbst zu pflegen

Wer das lernt, wird irgendwann in den Genuss des Alleinseins kommen und sich nicht mehr automatisch einsam fühlen.

Im Alleinsein zeigt sich unsere Einzigartigkeit

Auch Marc Aurel und die Stoiker betonen immer wieder, wie wichtig es ist, den eigenen Regungen nachzuspüren: »Du hast schwerlich jemanden zu Gesicht bekommen, der unglücklich wäre, weil er sich mit dem, was in der Seele eines anderen vorgeht, nicht befasst hat; der aber muss unweigerlich unglücklich sein, der den Regungen der eigenen Seele nicht nachgeht.«

Sobald wir mit unseren inneren Impulsen in Berührung kommen und mit dem, was uns wirklich interessiert, begegnen wir uns selbst auf eine besondere Weise. Im vertieften Alleinsein erleben wir unsere Einzigartigkeit und unsere Originalität. Diese Erfahrung hat nicht nur etwas zutiefst Befriedigendes und Erfüllendes. Wenn wir dem folgen, was unserem Wesen und unserer Persönlichkeit entspricht, leben wir nicht nur im Einklang mit uns selbst. Wir stärken dadurch auch unser Selbstwertgefühl und erkennen das »Gute« in uns, wie die Stoiker es nennen. Wir kommen mit uns ins Reine.

Alleinsein unter Menschen

Übrigens müssen wir uns für das Alleinsein nicht notwendig an einsame Orte zurückziehen. Man kann wunderbar allein unter Menschen sein, sei es im Park, auf öffentlichen Plätzen oder eben im Café. Das Alleinsein unter Menschen hat sogar einen schönen Nebeneffekt. Sollte uns doch das unangenehme Gefühl von Einsamkeit überkommen, hilft uns schon allein das Wissen, mit anderen in Kontakt treten zu können.

IMPULS: SICH SELBST AUSHALTEN

Mit sich ins Reine kommen setzt voraus, dass man mit sich allein sein kann. Dafür wiederum müssen wir uns selbst aushalten können. Finden Sie heraus, wie gut Sie das können: Gehen Sie in die Stille, das heißt, Sie versuchen eine Stunde lang, nichts zu sagen und über nichts Konkretes nachzudenken. Danach wissen Sie, wie leicht oder schwer es Ihnen fällt, sich selbst auszuhalten. Nehmen Sie sich dann täglich 15 bis 20 Minuten Zeit für diese Übung. So bauen Sie nach und nach eine Beziehung zur Stille in Ihnen auf.

Beides lässt sich ein einem Café oder an einem anderen belebten Ort wunderbar umsetzen und üben – das Alleinsein und die Kontaktaufnahme mit anderen Menschen. Auf diese Weise wird Einsamkeit (wie ich sie manchmal in Paris empfand) nicht zu einer unangenehmen und bedrohlichen Vorstellung, sondern zu einer inneren Ressource und Kraftquelle.

SICH FREI MACHEN VON DEN URTEILEN ANDERER

»Dann findet man die Heiterkeit der Seele, wenn man sich gewöhnt, der Hilfe von außen her zu entbehren und zu unserer Ruhe anderer Leute nicht zu bedürfen. Man soll aufrecht stehen, ohne aufrecht gehalten zu werden.«

(Marc Aurel)

Alleinsein ist für die Stoiker nicht nur ein Zustand. Es steht auch für eine Haltung. Mit »aufrecht stehen« meint Marc Aurel die Fähigkeit, bei sich zu bleiben und sich unabhängig zu machen von den Meinungen anderer. Allzu oft sind wir nämlich mit unserer Aufmerksamkeit bei dem, was andere über uns denken und sagen. Statt unseren eigenen Maßstab anzulegen, messen wir uns mit fremden Maßstäben. In der Folge verlieren wir das Vertrauen in uns selbst und lassen uns von den Meinungen anderer beeinflussen, was letztlich Probleme verursacht, wie schon Seneca schreibt: »Schwierigkeiten haben ihren Ursprung in mangelndem Vertrauen.«

Aus innerer Überzeugung heraus handeln – nicht, um anderen zu gefallen

»Wisse: Wenn es dir einmal widerfährt, in den Strudel der Außenwelt gezogen zu werden, sodass du einem andern gefallen willst, dann bist du von deinen Grundsätzen abgefallen«, schreibt Epiktet. Sobald wir uns von einem Urteil oder einer Meinung verletzt oder irritiert fühlen, sollten wir genau dieses Gefühl hinterfragen. Möglicherweise erliegen wir nämlich dem Bedürfnis, anderen zu gefallen. Und je mehr wir jemandem gefallen wollen, desto leichter sind wir enttäuscht, ärgern uns oder sind verletzt, wenn wir nicht die entsprechende Aufmerksamkeit bekommen. Statt Anerkennung und Wertschätzung einzufordern, sollten wir uns fragen, warum eigentlich unsere Erwartungen enttäuscht wurden und ob wir wirklich den richtigen Maßstab anlegen.

Selbstverständlich ist es völlig normal, anderen gefallen zu wollen. Aber es sollte niemals unser erster Beweggrund sein, warum wir etwas tun. Für die Stoiker steht die innere Überzeugung immer über unserem Wunsch, anderen zu gefallen. Epiktet meint sogar, dass wir uns selbst die Anerkennung geben sollen, die wir von anderen erwarten. »Es muss dir deshalb in allen Verhältnissen genügen, ein Philosoph zu sein. Willst du außerdem als solcher angesehen werden, so sieh dich selbst als solchen an und sei zufrieden.« Dieser Ansatz mag radikal erscheinen, ist aber äußerst wirksam. Denn bringen wir uns erst einmal selbst Anerkennung entgegen, können wir viel besser entscheiden, ob wir die Wertschätzung anderer benötigen und wie wir sie gegebenenfalls gewinnen wollen.

Eigene Maßstäbe setzen

Wenn wir uns zu sehr von den Erwartungen und Meinungen anderer vereinnahmen lassen, verinnerlichen wir ihre Maßstäbe. Das heißt, wir tragen sie sehr wahrscheinlich auch mit uns herum, wenn wir alleine sind. Dies gilt besonders für verletzende Aussagen. Denn dabei übernehmen wir den Bewertungsmaßstab der Person, die uns beleidigt oder angreift, und werten uns so selbst ab. Um das zu verhindern, brauchen wir den Mut und die Fähigkeit, uns von den Urteilen und Erwartungen anderer abzugrenzen. Marc Aurel schreibt dazu: »Fass die Dinge nicht so auf, wie sie der beurteilt, der dich beleidigen will, oder wie er es möchte, dass du sie beurteilst, sondern sieh sie so, wie sie wirklich sind.«

Das bedeutet nicht, dass wir jede Kränkung oder Verletzung einfach hinnehmen sollten oder ungeschehen machen könnten. Wir sollten unsere Gefühle auf jeden Fall ernst nehmen und darüber nachdenken, was uns an einer Äußerung verletzt. Aber wir können etwas dagegen tun, dass wir unsere Verletzung unnötig verlängern und aufrechterhalten. Dafür ist es notwendig, die Situation durch unsere eigenen Augen zu betrachten, an unseren eigenen Maßstäben zu messen. Die dadurch entstehende innere Unabhängigkeit von den Meinungen, Worten und Urteilen anderer ist für die Stoiker wesentlich für ein gutes Leben. »Trenne dich also von der großen Masse (…) und ziehe dich endlich in einen ruhigeren Hafen zurück«, schreibt Seneca und rät davon ab, sich an den lautstarken und wechselhaften Meinungen anderer zu orientieren. Vielmehr empfiehlt er: »Etwas von deiner Zeit nimm nun auch für dich!«

IMPULS: DIE GOLDENE REGEL FÜR INNERE ZUFRIEDENHEIT

- Machen Sie eine Liste mit den Namen aller Menschen aus Ihrem Leben, mit denen Sie sich ab und an vergleichen: Kollegen, Konkurrenten, Freunde, Feinde, Vorbilder oder Gleichgesinnte.
- Notieren Sie die Eigenschaften, Errungenschaften und Dinge, mit denen Sie sich gerne vergleichen.
- Ziehen Sie unter oder neben diese Liste einen dicken Strich. Der freie, weiße Raum auf dem Blatt Papier ist für Sie. Vermerken Sie dort Ihren Namen, Ihr Alter, Ihre Errungenschaften und Stärken.
- Außerdem notieren Sie dort bitte Folgendes als goldene Regel: »Sich nicht mit anderen zu vergleichen ist eine der wichtigsten Bedingungen für gelungene Abgrenzung und für Zufriedenheit.«

Auf diese Weise können Sie erkennen, welche fremden Maßstäbe Sie regelmäßig auf sich selbst anlegen.

Sich nicht zu allem und jedem eine Meinung bilden

Wer überall und zu allem seine Meinung sagt, kann sich schnell verzetteln und das Wesentliche aus den Augen verlieren. Eine weit verbreitete Ursache für Unzufriedenheit sahen die Stoiker daher in der Tendenz, zu allem seine Meinung zu äußern. Besonders in den digitalen Medien werden wir laufend mit den

Meinungen anderer konfrontiert und im Prinzip können wir jederzeit unsere eigene Meinung in die Welt setzen. Dabei hätten wir immer die Wahl. »Es ist möglich, sich in dieser Sache keine Meinung zu bilden und seine Seele damit nicht zu belasten«, schreibt Marc Aurel. Die Stoiker empfehlen ein klares Handeln im Sinne unserer wichtigsten Ziele und Werte. Im Zweifelsfall sollten wir lieber zugeben, dass wir etwas nicht wissen, als irgendeine Meinung haben.

»Ich weiß, dass ich nichts weiß«, pflegte Sokrates zu sagen. Für unseren Kontext interpretiert, heißt das: Meinungslosigkeit ist kein Zeichen von Schwäche oder geistiger Beschränktheit. Vielmehr kann es ein Zeichen von Intelligenz sein, nicht zu allem eine Meinung zu haben. Meinungslosigkeit setzt nämlich das Wissen voraus, dass vorschnelle Antworten auf komplexe Fragen meist falsch sind und zu nichts führen. »Nicht Informations-Overload ist das Problem der heutigen Zeit«, schreibt der Schweizer Autor Rolf Dobelli, »sondern Meinungs-Overload.« Gerade in Zeiten von permanenter Erreichbarkeit und allgegenwärtiger Informationsflut kann die Erkenntnis befreiend sein, dass auch Nichtwissen eine Option ist. Wir ersparen uns nicht nur aufreibende Streitereien und Meinungsverschiedenheiten. Wir vermeiden auch unnötige Fehler und werden öfter davor bewahrt, Halbwahrheiten oder Unsinn zu verbreiten. Kurz gesagt: Keine Meinung zu haben und sich zu enthalten ist für die Stoiker ein Zeichen von Selbstbeherrschung. Hier einige Gründe, warum ein Zuviel an Meinung unvorteilhaft sein kann:

- **Masse statt Klasse** – Wer ständig eigene Meinungen produziert und äußert, hat keinen Platz für tiefere Auseinandersetzungen mit einem Thema und läuft Gefahr, früher oder später Denkfehler zu machen und Bullshit zu verzapfen. Denn es gibt immer mehr Wissen und mehr Informationen, als wir aufnehmen und zu einer fundierten Ansicht verarbeiten können.

- **Informationsblase statt Offenheit** – Wer zu viel auf eigene Meinungen gibt, sucht vor allem nach Informationen, die diese Meinungen bestätigen, und blendet alles andere aus. In der Psychologie nennt man dieses Vorgehen Bestätigungsfehler.
- **Ablenkung statt Alleinsein** – Viele Meinungen beziehen sich auf Dinge, die wir nicht kontrollieren können (siehe Seite 53 bis 58) und die uns beunruhigen. Je unruhiger und besorgter wir aber sind, desto mehr werden wir das Alleinsein meiden.

WIE WIR UNS MIT SELBSTMITGEFÜHL BEGEGNEN

»Auf jeden Fall muss sich der Mensch von allen Äußerlichkeiten frei machen und Einkehr halten bei sich selbst, Selbstvertrauen, Freude an sich selbst haben, sein Eigenes wert achten, sich so weit wie möglich von Fremden zurückziehen, sich an sich selbst halten, Verluste nicht hochschlagen, auch Widrigem eine gute Seite abgewinnen.«

(Seneca)

Stellen Sie sich vor, Sie befinden sich in Ihren besten Jahren, können auf eine erfolgreiche Laufbahn im Staatsdienst zurückschauen und Ihr Ansehen steigt zusehends. Ihr Rat ist gefragt, Sie werden zu den wichtigsten offiziellen Anlässen eingeladen und nicht selten sollen Sie vor ausgewähltem Publikum eine Rede halten. Plötzlich gibt es einen Regierungswechsel und man wirft Ihnen die Missachtung von Gesetzen vor. Sie werden angeklagt und müssen zur Strafe das Land verlassen.

Genauso ergeht es Seneca. Im Jahr 41 n. Chr. wird er von Kaiser Claudius für acht Jahre nach Korsika verbannt. Die Regierungszeiten der Kaiser Augustus, Tiberius und Caligula hat Seneca trotz ernster Konflikte unbeschadet überstanden. Unter Caligula kann er einer Verurteilung zum Tode gerade so entgehen. Unter Claudius schließlich wird ihm eine unerlaubte außereheliche Liebesbeziehung mit Julia Livilla, der Schwester des Kaisers, vorgeworfen. Messalina, Ehefrau von Claudius, wittert die Gefahr eines politischen Umsturzes und drängt darauf, Seneca zu verbannen. Julia Livilla wird indessen weggeschickt und kurze Zeit später getötet.

Glück gehabt, könnte man da beinahe sagen, immerhin wurde Seneca nur verbannt und nicht umgebracht. Und tatsächlich ist das die Perspektive, mit der er auf seine Situation schaut. In einem langen Brief an seine Mutter Helvia gibt Seneca darüber Auskunft, wie er mit seiner Verbannung umgeht. Interessanterweise kommen Wut, Enttäuschung und Einsamkeit überhaupt nicht vor. Vielmehr verarbeitet Seneca seinen Schmerz, indem er seine Trauer offen zugibt und sich selbst voller Mitgefühl begegnet. Das stoische Selbstmitgefühl umfasst drei Aspekte:

1. Das eigene Leid anerkennen
2. Sich daran erinnern, dass alle Menschen schwierige Zeiten durchleben
3. Sich selbst wohlwollend begegnen und liebevoll umsorgen

Das eigene Leid anerkennen

»Was gehört sich für einen tüchtigen Menschen? Sich dem Schicksal zu stellen«, schreibt Seneca. Es bringt nichts, Gefühle wie Einsamkeit, Trauer, Scham, Verzweiflung oder die Angst vor dem Alleinsein zu unterdrücken oder auszublenden. Sie werden uns sowieso irgendwann einholen. Genau das meinen die Stoiker damit, wenn sie sagen, wir sollen unser Schicksal und Unglück annehmen. »Es ist besser, die Trauer zu überwinden, als sie zu betrügen«, schreibt Seneca in seinem Trostbrief an die Mutter. Selbstmitgefühl beginnt damit, dass wir unsere schmerzhaften Gefühle und Erfahrungen zulassen.

In Zeiten von Selbstoptimierung und allgegenwärtiger Vernetzung sind negative Gefühle zum Tabu geworden. Dies gilt besonders für Einsamkeit, denn sie scheint ein sicheres Zeichen dafür, dass wir gescheitert und den Ansprüchen des modernen Lebens nicht gewachsen sind. Unser Problem ist aber nicht die Einsamkeit, sondern »der Verlust der Einsamkeitsfähigkeit«, wie der Philosoph Odo Marquard es einmal formulierte. Wir begegnen Einsamkeit – wie auch anderen leidvollen Erfahrungen und Gefühlen – am besten, indem wir sie uns zugestehen und mitfühlend beobachten. Dann kann sich Einsamkeit in positives Alleinsein wandeln.

Alle Menschen durchleben schwierige Zeiten

Statt sich innerlich zurückzuziehen, wendet Seneca im Exil eine andere Strategie an. »Diese Insel selbst hat schon oft ihre Bewohner gewechselt«, schreibt er an seine Mutter. Damit erinnert er sich daran, dass alle Menschen schwierige Zeiten

VERLETZLICHKEIT IST OKAY

In einem Interview erzählt der Sänger Moby von der wohltuenden Erfahrung, wie er als Kind zum ersten Mal seine Verletzlichkeit erlebt und akzeptiert hat. »Mit zwölf habe ich auf einem Golfplatz gearbeitet, nur um genug Geld für eine Kassette von David Bowie zu verdienen. Als ich dann zum ersten Mal ›Heroes‹ hörte, fühlte es sich an, als wäre die Welt danach eine andere. Das Lied klang so verletzlich, so zart, irgendwie gebrochen. Nach ›Heroes‹ war mir klar: Es ist okay, sich verletzlich zu fühlen.« Dieses »Okay« zieht sich durch die gesamte Philosophie der Stoa.

durchleben und schon viele Menschen vor ihm ihre Heimat verlassen mussten. Verluste gehören zum Leben dazu. Ebenso Krankheit, Alter, Misserfolge. Statt nur auf unser eigenes Schicksal zu starren, können wir uns aus dieser Perspektive heraus wieder mit der gesamten Menschheit verbunden fühlen.

In keiner antiken Lebensschule stehen Vergänglichkeit und Verletzlichkeit des menschlichen Lebens so sehr im Vordergrund wie bei den Stoikern. Sie sehen darin durchaus etwas Positives. Denn Vergänglichkeit bedeutet auch, dass sich alles verändert. Wir sind nicht die einzigen, die leidvolle Erfahrungen und Veränderungen durchmachen. Vielmehr teilen wir diese Erfahrungen mit allen Menschen. Vergänglichkeits- und Wachstumsschmerzen betreffen alle Menschen.

Wohlwollen und liebevolle Sorge für uns selbst

Im Exil sieht sich Seneca immer wieder mit Gefühlen von Trauer konfrontiert. Statt sie zu unterdrücken oder sich ihnen auszuliefern, nutzt er seinen Trauerprozess aktiv, um sich selbst zu trösten. »Man soll weinen, nicht jammern«, schreibt er. Denn Tränen sind heilsam, solange sie nicht dazu dienen, Mitleid zu erregen, oder ins Jammern abgleiten.

Mit heilsamer Trauer schaffen wir Trost, Verständnis und Mitgefühl für uns selbst, aber auch für neue Perspektiven und Handlungsspielräume, die unser Leid lindern können. Statt sich über die Ungerechtigkeit aufzuregen und sich über sein Unglück zu beklagen, geht Seneca auf Korsika seiner Leidenschaft nach. Er verfasst philosophische Schriften und versucht, nach den Regeln der stoischen Philosophie zu leben. Trauern heißt in diesem Sinne auch, dass wir uns selbst liebevoll umsorgen.

IMPULS: SELBSTMITGEFÜHL TRAINIEREN

Reagieren Sie mit wohlwollendem Verständnis auf das, was mit und in Ihnen passiert. Indem Sie Schmerz zulassen und aktiv trauern, werden auch andere Gefühle und belastende Erfahrungen erträglicher. Statt uns zu verurteilen und uns das Leben zusätzlich schwer zu machen, sollten wir uns fragen: Wie kann ich mir selbst helfen? Was brauche ich, um Verantwortung zu übernehmen und mein Leid zu lindern?

Für Seneca besteht eine der wichtigsten stoischen Regeln darin, dass wir die Fähigkeit entwickeln, uns selbst wohlwollend zu behandeln. In Senecas Worten: Nur wer »mit sich selbst zufrieden ist und seinen eigenen Zustand mit Wohlgefallen betrachtet«, kann auch in schwierigen Phasen gelassen reagieren. Die beste Prävention für leidvolle Erfahrungen ist, wenn wir lernen, uns selbst Gutes zu tun und das Gute in uns sehen.

Gut zu uns selbst sein, kann auch bedeuten, dass wir uns an jemanden wenden und Hilfe suchen. »Schäme dich nicht, wenn du Hilfe brauchst. Du hast eine Aufgabe, die du erfüllen musst, ebenso wie ein Soldat, der im Kampf eine Mauer angreift. Was ist schlimm daran, wenn du verletzt bist und Hilfe brauchst, um die Festung zu erstürmen?«, notiert Marc Aurel.

IMPULS: DAS ALLEINSEIN GENIESSEN

- Suchen Sie sich gezielt immer wieder Orte und Momente, um mit sich alleine zu sein. Das geht in der Natur, unter nächtlichem Sternenhimmel, im Auto, mit oder ohne Musik, aber auch unter Menschen im Café. Gestalten Sie sich diese Phasen des Alleinseins so angenehm wie möglich.
- Auch spontan können Sie sich Gutes tun, wenn Sie alleine sind. Werden Sie zum Beispiel nachts wach, stehen Sie bewusst auf und machen Sie sich einen Tee. Genießen Sie den Mondschein, die Stille der Nacht oder hören Sie Ihre Lieblingsmusik.

Sich helfen zu lassen ist ein verlässliches Zeichen dafür, dass wir uns selbst freundlich und wohlwollend betrachten. Wir sollten uns gelegentlich als eine Person betrachten, der wir helfen müssen und die manchmal auf Hilfe von außen angewiesen ist. Diese Einsicht macht unser Alleinsein erträglich und angenehm.

MIT OFFENEN AUGEN DURCH DIE WELT

»Auf Dauer der Zeit nimmt die Seele die Farbe der Gedanken an.«

(Marc Aurel)

Als ich in Paris zu meiner ersten Seminarsitzung wollte, war die Universität geschlossen. Es wurde gestreikt, wie so häufig in Paris. Durch einen Zufall gelangte ich dennoch über einen Hintereingang in den Innenraum der Sorbonne. In den Gängen waren nur wenige Menschen unterwegs, und ich genoss die Ruhe der alten Gemäuer. Die Säle und der Innenhof waren wie leergefegt. Ich schaute in den Raum, in dem das heutige Seminar stattfinden sollte. Zu meiner Überraschung saß dort ein Mann, der mich interessiert ansah. Als er hörte, dass ich Student aus Deutschland sei, lud er mich auf ein Glas Wasser ein. Sein Büro lag in einem verwinkelten Zimmer mit Blick auf den alten Innenhof. Es stellte sich heraus, dass er der Seminarleiter und ein bekannter Experte für die Literatur des 18. Jahrhunderts war.

Was nun folgte, war eine Sternstunde französischer Gastfreundschaft. Und eine atemberaubende Einführung in die

Pariser Architektur- und Stadtgeschichte. In gut anderthalb Stunden erzählte er mir mehr, als ich mir in mehreren Wochen hätte anlesen können. Aus dem Kopf teilte er die verschiedenen Straßen aus meinem Wohnviertel in Jahrhunderte ein. Er erklärte mir, woran ich erkennen könne, dass diese Straße aus dem 18. Jahrhundert sei, jene aus dem 17. Jahrhundert und die meisten anderen aus dem 19. Jahrhundert.

Mein Apartment im 11. Arrondissement war nur fünf Minuten entfernt von der ältesten Straße des Viertels, leicht zu erkennen an der Enge und an der Art der Pflastersteine. Die zahlreichen Hinterhöfe waren im 19. Jahrhundert ausschließlich von Handwerkern und Künstlern bewohnt. Außerdem erfuhr ich, dass sich am angrenzenden 12. Arrondissement einer der größten und schönsten Tagesmärkte von Paris befand. Dessen traditionelle Markthalle stammt aus dem 18. Jahrhundert. Der Marché d'Aligre ist bis heute für sein vielfältiges Angebot und die moderaten Preise berühmt.

Wissen und Nichtwissen beeinflussen unsere Stimmung und unsere Wahrnehmung

Als ich die Uni verließ und in mein Viertel zurückkehrte, war nichts mehr wie vorher. Straßen, Häuser, Hinterhöfe und Plätze, all das sah ich nun förmlich mit anderen Augen. Meine Stimmung hatte sich komplett gewandelt. Hatte ich mich vorher hier und da noch einsam gefühlt, richtete sich meine Aufmerksamkeit nun ganz auf meine Umgebung. Auch in den kommenden Tagen und Wochen schaute ich mir neugierig all die Dinge an, von denen mir der Professor erzählt hatte.

Marc Aurel schreibt in seinen »Selbstbetrachtungen«, dass mit der Zeit »die Seele die Farbe der Gedanken« annimmt. Auch unser Wissen beeinflusst, wie wir auf unsere Umgebung schauen und was wir dabei fühlen. Es ist diese Erkenntnis, mit der ich aus der Sprechstunde herausging: Unsere Gedanken und Erwartungen können die Wahrnehmung der Welt und sogar unsere Stimmung verändern. Mit den neuen Perspektiven fühlte ich mich weniger einsam, war offener und neugieriger für meine Umgebung. Die Qualität meines Alleinseins hatte sich fundamental verbessert.

Das Paris-Syndrom oder die Macht der Erwartungen

Jedes Jahr kommen Millionen von Touristen nach Paris, das weltweit als Stadt der Liebe bekannt ist. Vor Ort sind viele dann überrascht zu sehen, dass Paris nicht nur schöne und aufregende Seiten hat. Viele Ecken sind dreckig, der Geruch ist stellenweise mehr als gewöhnungsbedürftig, man lebt meist auf engstem sowie teuerstem Raum, im Sommer ist es brüllend heiß und nicht alle Begegnungen sind freundlich oder erfreulich.

Der Psychiater Ota Hiroaki stellte 2004 fest, dass bei einigen japanischen Touristen psychische Probleme auftreten, wenn sie in Paris angekommen sind. Die meisten haben ihr ganzes Leben auf die Reise ins sagenumwobene Europa gespart – und große Erwartungen aufgebaut. Paris steht in Japan für Luxus, höfliche Männer, saubere Straßen, historische Architektur, Kunst, eigentlich alles, was elegant, romantisch und feinsinnig ist.

Angekommen im Sehnsuchtsort, wird schnell klar, dass das keineswegs nur so ist. In den Köpfen beginnt dann die konfliktreiche Desillusionierung. Besonders bei Japanern ist dieses Phänomen als »Paris-Syndrom« bekannt. Enttäuschung und Verstörung sind aufgrund falscher Erwartungen vorprogrammiert. Die Ernüchterung ist so groß, dass Urlauber mit Paris-Syndrom aufgrund akuter Angstzustände und depressiver Verstimmung psychiatrische Hilfe aufsuchen.

Sich allein treiben lassen

»Das ganze Unglück der Menschen rührt allein daher, dass sie nicht ruhig in einem Zimmer zu bleiben vermögen«, bemerkte einmal der französische Mathematiker, Physiker und Philosoph Blaise Pascal. Damit will er uns nicht sagen, dass wir alle still zu Hause herumsitzen sollen. Vielmehr ist damit gemeint, dass es vielen Menschen schwerfällt, allein zu sein. Wie Sie inzwischen wissen, hat das Alleinsein aber viele positive Aspekte. Sie können es zum Beispiel üben, wenn Sie alleine reisen. Sie werden erfüllter, selbstbewusster und zufriedener zurückkehren.

Wer nicht gern allein auf Reisen geht und auch ungern allein in einem Café oder in seinem Zimmer sitzt, dem sei abschließend noch das Flanieren empfohlen. Schlendern, spazieren, sich treiben lassen, all das geht wunderbar vor Ort zu Hause, im Stadtviertel, im Park oder in der Natur. Wir müssen nicht still sitzen und warten, bis sich in uns ein Impuls regt. Einfach losgehen, unbekannte Wege einschlagen und auf Details achten, die wir nie bewusst wahrgenommen haben – auf diese Weise spüren wir unsere eigenen Interessen und Impulse, wir können entspannen und unsere Aufmerksamkeit trainieren. Wir sind ganz bei uns und dennoch mit der Welt verbunden.

AUF EINEN BLICK: **ALLEINSEIN**

- **Sich selbst besser kennenlernen:** Wenn wir alleine sind, haben wir die Chance, uns in uns zu vertiefen, unsere Gedanken, Gefühle und Impulse zu beobachten. Dadurch stärken wir die Beziehung zu uns selbst, lernen unsere Einzigartigkeit kennen und können unsere inneren Widersprüche besser aushalten. Das stärkt auch unser Selbstvertrauen.

- **Unabhängig werden:** Alleinsein bedeutet für die Stoiker auch, für sich und die eigenen Werte einzustehen und möglichst unabhängig vom Urteil anderer zu leben. In der Auseinandersetzung mit uns selbst können wir die eigenen Überzeugungen entwickeln und festigen.

- **Mitgefühl mit sich selbst zeigen:** Nicht alles, was wir in der Vertiefung über uns herausfinden, gefällt uns auch. Wenn negative Gefühle aufkommen, sollten wir diese zulassen und uns selbst mit Freundlichkeit und Mitgefühl begegnen.

- **Erwartungen durch Offenheit ersetzen:** Die positiven Aspekte des Alleinseins können wir oft nicht erfahren, weil wir bestimmte Erwartungen haben – an die Zukunft, einen Ort, an uns … Wir lassen uns dann nicht auf das ein, was ist. Mit offenen Augen nach innen und auf die Welt zu schauen, vertieft den Kontakt zu uns selbst.

VII

DIE KRAFT DER FREUNDSCHAFT
Wie wir Verbindung mit anderen aufbauen

»Nichts wird aber das Herz so sehr erfreuen wie treue, innige Freundschaft.«

(Seneca)

GLÜCKLICH UND GESUND DURCH GUTE BEZIEHUNGEN

»Menschen sind füreinander geboren.«

(Marc Aurel)

Es ist die wohl längste Glücksstudie in der Geschichte der Psychologie. Seit 1938 erforscht eine Gruppe von Wissenschaftlern der Harvard Universität die Frage: Was macht uns Menschen wirklich glücklich? Über die Jahrzehnte wurden mehr als 700 Probanden – Männer und Frauen – in den beiden Studien The Grant Study und The Glueck Study beobachtet. Die Forscher verfolgten die Lebensgeschichte der Teilnehmer, ihre Schicksalsschläge und Erfolge, sie testeten ihre Blutbilder und scannten ihre Gehirne. Trotz der Fülle an komplexen Daten hat sich eine Kernerkenntnis sehr bald herausgeschält: Für unser persönliches und emotionales Wohlergehen ist nichts so wesentlich wie unsere Beziehungen.

»Gute Beziehungen machen uns glücklicher und gesünder«, so fasst der amerikanische Psychiater und Harvard-Professor Robert J. Waldinger die Studienergebnisse zusammen. Dabei geht es nicht um die Anzahl der Menschen, mit denen wir in Verbindung stehen. Es ist die Qualität der Beziehungen, die zählt. Da sind die Studienergebnisse und Aussagen der über 700 Teilnehmer ganz unmissverständlich. Weder Geld noch körperliche Gesundheit machen uns glücklich und zufrieden. Es sind gute Beziehungen, Freundschaften und Liebe. In diesem Sinne mit anderen verbunden, fühlen wir uns weniger einsam, schätzen uns zufriedener ein, leben gesünder und sogar länger. Kurz gesagt: Gute Beziehungen fördern unsere körperliche und psychische Gesundheit.

Damit bestätigen Waldinger und zahlreiche weitere Glücksforscher, Neurowissenschaftler und Psychologen unserer Gegenwart eine Erkenntnis, die Aristoteles und die Stoiker längst hatten. Menschen sind soziale Wesen, die auf das Zusammenleben in Gemeinschaften angewiesen sind. Ohne Beziehungen wären wir nicht einmal überlebensfähig.

Der Mensch ist ein soziales Wesen oder: Warum wir andere brauchen

»Wer bin ich?« lautet ein Buchtitel der bekannten Psychotherapeutin Eva Jaeggi. »Frag doch die anderen!« heißt es im Untertitel. Damit weist sie auf die unhintergehbare Tatsache hin, dass wir andere zur Entwicklung einer eigenen Identität brauchen.

Für unsere Gehirne gilt übrigens das Gleiche. Sie blieben unterentwickelt und würden verkümmern ohne Kontakt zu anderen. Anders gesagt: Für ein gutes und erfülltes Leben brauchen wir die Nähe anderer Menschen und den Austausch mit ihnen. Gelingende Beziehungen helfen uns sogar dabei, körperliche Schmerzen auszuhalten, ohne dass dadurch unsere Lebenszufriedenheit eingeschränkt wird. Körperlicher Schmerz hat weniger Einfluss auf unsere Psyche, wenn wir in glücklichen und stabilen Verbindungen zu unseren Mitmenschen leben. Sind wir hingegen weniger zufrieden in unseren Beziehungen, werden wir auch anfälliger dafür, dass uns körperliche Schmerzen psychisch zusetzen.

Sich verbinden heißt, Verletzlichkeit teilen

Selbstverständlich können wir nicht überall und mit allen Menschen eine tiefe Verbindung eingehen. Erstens sind unsere Persönlichkeiten dafür viel zu unterschiedlich und zweitens fehlt uns dafür schlicht die Zeit. Auf die Frage »Wie geht es dir?« geben wir häufig routinemäßige Antworten, die wenig damit zu tun haben, wie es wirklich um uns steht. Bei Freunden können wir ehrlich antworten. Wir müssen uns nicht verstellen, wenn sie uns fragen, wie es uns geht. Wir dürfen unsere Alltagsmaske fallen lassen und uns in unseren vielfältigen und manchmal auch ambivalenten Facetten zeigen. Vor allem aber müssen wir unsere Gefühle nicht ständig filtern oder kontrollieren wie beispielsweise in unserem beruflichen Alltag.

In langjährigen Studien und vielen Gesprächen mit Tausenden von Menschen ist die Sozialwissenschaftlerin Brené Brown zu dem Ergebnis gekommen, dass Verletzlichkeit einer der wichtigsten Schlüssel für ein erfülltes Leben ist. Wir gehen fälschlicherweise davon aus, dass Verletzlichkeit eine Schwäche ist und wir uns schützen müssen. Deswegen verstecken wir unsere Verletzlichkeit hinter einer perfekten Rolle und wollen anderen gegenüber stark erscheinen. In unserem Streben nach Unverwundbarkeit berauben wir uns jedoch unserer Entwicklung. Aus Angst zu versagen oder zu scheitern, ziehen wir uns von anderen zurück und kapseln uns ab. Für Brené Brown beruht echte Stärke und Verbindung jedoch darauf, dass wir zu unseren Ängsten stehen und unsere Verletzlichkeit mit anderen teilen. Ein ehrlicher und bewusster Umgang mit der eigenen Verletzlichkeit hat mehrere Vorteile:

- Wir sind dann offener für persönliche Entwicklung und für Veränderung.
- Wir sind näher an uns dran und damit authentischer.
- Wir merken schneller und genauer, was wir brauchen.
- Wir öffnen uns anderen gegenüber leichter und lernen, unsere Verletzlichkeit zu zeigen.
- Wir lernen die Verletzlichkeit anderer zu verstehen und zu akzeptieren.

All das führt dazu, dass sich unsere Beziehungen vertiefen und verbessern. Freundschaften und gute Beziehungen werden auf diese Weise zu einer richtigen Menschen-Entwicklungsmaschine.

Warum geteilte Verletzlichkeit uns nicht nur stark, sondern auch sympathisch macht

Das vielleicht Beste daran, Verletzlichkeit und Schwächen mit anderen zu teilen, ist, dass es uns sympathisch macht. Denn niemand ist perfekt und wir wollen auch nicht mit Menschen befreundet sein, die immer kontrolliert und in jeder Situation perfekt erscheinen. Wahrscheinlich gibt es in Beziehungen kaum etwas Anstrengenderes als Personen, die krampfhaft versuchen, ein bestimmtes Bild von sich selbst aufrechtzuerhalten. Ironischerweise sind es nämlich nicht nur unsere Stärken, die uns sympathisch und attraktiv erscheinen lassen, sondern gerade unsere Schwächen und der bewusste Umgang mit unserer Verletzlichkeit wirken auf andere anziehend.

Nutzen Sie also Ihre Verletzlichkeit aktiv, um andere Menschen besser kennenzulernen und um herauszufinden, wie gut Sie zueinander passen. Wenn Sie offen mit Verletzlichkeit umgehen, merken Sie sehr schnell, ob die Chemie zwischen Ihnen und dem anderen zu diesem Zeitpunkt stimmt oder nicht. Gute Beziehungen brauchen allerdings auch Zeit, daher sollten Sie eine andere Person niemals zu schnell verurteilen. Manchmal verbirgt sich hinter einer starken und zunächst abschreckenden Fassade eine Persönlichkeit, mit der wir durchaus eine tiefe Verbindung herstellen können. Ihr Gegenüber wächst ja vielleicht mit Ihrer Offenheit.

IMPULS: STATT SMALLTALK GEMEINSAM VERLETZLICHKEIT PFLEGEN

Denken Sie an eine Freundschaft oder Bekanntschaft, die Sie gerne vertiefen möchten. Alternativ können Sie diese Übung auch mit einer Person durchführen, die Sie gerade erst kennenlernen. Teilen Sie bei Ihrer nächsten Begegnung etwas mit, das Sie verletzlich zeigt. Zum Beispiel einen persönlichen Misserfolg, eine gescheiterte Beziehung, einen Fehler oder ein unangenehmes Gefühl, das man normalerweise für sich behält. Auf diese Weise laden Sie Ihr Gegenüber ein, auf eine tiefere Gesprächsebene zu wechseln und sich ebenfalls zu öffnen. Denn am besten gelingt der Austausch, wenn Sie beide etwas miteinander teilen, das Sie verletzlich macht. So vertiefen Sie Ihre Verbindung und lassen belanglosen Smalltalk hinter sich.

FREUNDSCHAFTEN SIND UNSER EMOTIONALES ZUHAUSE

»Welch ein Schatz ist das Herz eines Freundes, das für uns da ist. Ihm können wir gefahrlos jedes Geheimnis anvertrauen, sein Mitwissen musst du weniger fürchten als dein eigenes, sein Wort lindert deinen Kummer, sein Rat fördert deine Pläne, seine Heiterkeit verscheucht deine Traurigkeit, sein Anblick allein heitert dich schon auf.«

(Seneca)

Ob Platon, Aristoteles, Epikur, Cicero oder Seneca, sie alle zählen Freundschaften zu den wichtigsten Ressourcen in unserem Leben. In der Antike finden sich daher auch unzählige Lobeshymnen auf sie. Epikur stellt ihren Wert sogar über den der Philosophie. »Der edle Mensch befasst sich hauptsächlich mit Philosophie und Freundschaft; diese ist ein vergängliches, jene aber ein unsterbliches Gut.« Tatsächlich gilt in Epikurs Garten die freundschaftliche Verbindung unter den Menschen als erste und wichtigste Regel des Zusammenlebens. Diese positive Bewertung scheint immer noch zu gelten. Wahrscheinlich klingt die stoische Unsterblichkeit der Freundschaft noch in dem populären Spruch »Liebe kommt und geht, aber Freundschaft bleibt« von heute nach.

Weltberühmt sind Senecas Briefe an seinen Freund Lucilius, in denen er immer wieder über das glückliche Leben reflektiert. Als Klassiker der Weltliteratur sind sie eine wertvolle Fundgrube, um Informationen und Details über das alltägliche Leben im alten Rom zu erhalten. Vor allem aber lassen die Briefe erkennen, was für die Stoiker eine gute Freundschaft ausmacht. Auf der emotionalen Ebene gehört dazu, dass Freundschaften entlasten, ergänzen und ausgleichen.

Freundschaft gemeinsam vertiefen

Nicht zuletzt sind vertiefte Beziehungen und Freundschaften so wertvoll für uns, weil sie uns von uns selbst entlasten. Sie befreien uns von dem Druck, alles mit uns allein herumzutragen, und unsere Gedanken und Gefühle relativieren sich durch den gegenseitigen Austausch. Deshalb wirken echte Verbindungen erleichternd und geben uns gleichzeitig den nötigen Raum, uns zu entwickeln. Dafür müssen wir allerdings bereit sein, Verletzlichkeit, also zum Beispiel Trauer oder Angst, ebenso wie Freude und andere positive Gefühle zu teilen. Erst wenn wir bereit sind, unser ganzes emotionales Spektrum in eine Beziehung einzubringen, werden wir als Person greif- und erlebbar.

Das Teilen von Verletzlichkeit und Freude ist daher ein guter Test, um das Potenzial einer Freundschaft auszuloten. Nimmt das Gegenüber unser Angebot an, können wir die Beziehung gemeinsam vertiefen und auf eine neue Ebene bringen. Kann unser Gegenüber weder etwas mit unserer Freude noch mit unserer Verletzlichkeit anfangen, wäre dies ein Zeichen, um ein wenig auf Distanz zu gehen. Sind aber beide dazu bereit, ihre Verletzlichkeit und Freude zu teilen, kann sich eine Freundschaft entwickeln, in der wir uns gegenseitig unterstützen.

Das zweite Merkmal von echter Freundschaft, neben der Entlastung, ist die positive Ergänzung. Sie ergibt sich, wenn wir jeweils unterschiedliche Stärken und Schwächen in eine Beziehung einbringen. Auf diese Weise können wir voneinander lernen, wachsen und uns gemeinsam entwickeln.

Wir alle leiden hier und da unter falscher Selbsteinschätzung. Unsere Freunde kennen uns so gut, dass sie erkennen, wenn wir uns selbst über- oder unterschätzen. Im Zweifelsfall lassen sie uns das auf liebevolle Weise wissen. Heißt konkret: Ein guter Freund oder eine gute Freundin wirkt ausgleichend auf uns. Er oder sie macht uns auf unsere Fehler aufmerksam, ohne uns vor den Kopf zu stoßen, und macht uns Mut, wenn wir an uns zweifeln. Das gilt natürlich auch umgekehrt.

IMPULS: VORBILDER UND KOMPLIMENTE

Gehen Sie die wichtigsten Personen aus Ihrem Freundes- und Bekanntenkreis durch. Schreiben Sie bei jeder Person auf, was Sie an ihr mögen und was Sie von ihr lernen können. Notieren Sie mindestens eine Eigenschaft, die diese Person zu einem Vorbild für Sie macht.

Wählen Sie drei Personen aus, die Sie darauf ansprechen wollen. Teilen Sie ihnen mit, was genau Sie an ihnen mögen und welche Stärke Sie an ihnen bewundern. Mit ernst gemeinten Komplimenten vertiefen wir unsere Verbindung zu anderen und stärken auch allgemein eine wertschätzende Haltung in unserem persönlichen Umfeld.

Aus stoischer Sicht setzt Freundschaft eine gute Portion Selbsterkenntnis, ehrliche Kommunikation und Fürsorge voraus. Auf beiden Seiten. Nur so können wir uns gegenseitig entlasten, ergänzen und ausgleichen. Vielleicht ist es diese Art emotionaler Unterstützung, die Aristoteles zu folgendem Satz veranlasst hat: »Ohne Freundschaft möchte niemand leben, hätte er auch alle anderen Güter.« Freundschaften geben uns Halt und Kraft. Sie sind wie ein emotionales Zuhause, in dem wir geborgen sind und gleichzeitig wachsen können. Deshalb ist Freundschaft unverzichtbar für ein gutes Leben. Und zwar überall auf der Welt, denn Freundschaft ist universell. Sie findet sich in allen Kulturen wieder. Was auch nicht weiter verwundert, denn Freundschaft erfüllt unser ureigenes Bedürfnis nach Verbundenheit und Zugehörigkeit.

Die Kreise unserer Verbundenheit

Aus der Sicht der Stoiker steht Freundschaft für eine Haltung, die nicht nur unsere Freunde im engeren Sinne betrifft. Sie verstehen darunter auch die Freundschaft mit uns selbst und die Zugehörigkeit zur gesamten Menschheit. Der Stoiker Hierokles drückt diesen Gedanken mithilfe von Kreisen aus. Er meint, dass jeder Mensch in verschiedene Kreise eingebunden ist. Der innerste Kreis sind wir selbst. Danach folgen unsere Familien, Freunde, Bekannte, Mitbürger, Landsleute und der äußerste Kreis umfasst die ganze Menschheit.

Um die Zugehörigkeit zu allen Menschen zu erleben, hat Hierokles für seine Studenten einen praktischen Tipp auf Lager. Sie sollen jeden Menschen, der ihnen begegnet, also auch

Fremde und Unbekannte, in der Öffentlichkeit als »Schwester« und »Bruder« bezeichnen. Ältere Menschen sollen sie mit »Onkel« und »Tante« ansprechen. Ähnliche Gebräuche gibt es auch in anderen Kulturen, wo sich diese Idee unabhängig von Hierokles und den Stoikern entwickelt hat.

Die Stoiker sind also überzeugte Weltbürger. Schon ihr Vorbild Sokrates verstand sich weder als Athener noch als Korinther, sondern als ein Bürger des Universums. Hinter dieser Haltung steht eine wichtige Erkenntnis, die bis heute viele Menschen inspiriert und berührt: Wir sitzen alle im selben Boot. Laut der stoischen Philosophie tragen wir die Zugehörigkeit zu allen Menschen als Gefühl und Bewusstseinszustand in uns. Man könnte wie Marc Aurel von einem allgemeinen Wohlwollen sprechen: »Die Freude des Menschen ist es, das dem Menschen eigentümliche zu tun. Eigentümlich für den Menschen aber ist das Wohlwollen gegenüber seinesgleichen.« Um diesem Ideal näher zu kommen, richten die Stoiker ihren Blick auf das Gemeinsame und die Gemeinsamkeiten. Es geht darum, in jedem Menschen das typisch Menschliche zu entdecken.

Aus der Affenforschung weiß man, dass sich Freundlichkeit vor allem am Umgang mit Fremden zeigt. Die Bonobos zum Beispiel – Zwergschimpansen, die sehr eng mit uns Menschen verwandt sind – fühlen sich von Fremden geradezu angezogen. Auch wir Menschen profitieren von der Offenheit und Freundlichkeit gegenüber Unbekannten: Wir vergrößern unser Netzwerk, gewinnen potenzielle Geschlechtspartner und Freunde, die uns irgendwann vielleicht auch einmal helfen können. Außerdem erzeugt Freundlichkeit ein positives Gefühl in uns und ein ähnliches Wohlempfinden, das entsteht, wenn wir andere unterstützen.

Die Frage, wie freundlich, hilfsbereit und offen wir uns gegenüber Fremden verhalten, ist also letztlich auch eine Frage des Überlebens und des guten Lebens. Es ist deshalb auch kein Zufall, wenn Hierokles und die Stoiker eine ganz klare Handlungsempfehlung aussprechen: Wir sollen uns darin üben, die Menschen in den äußeren Kreisen genauso freundlich zu behandeln wie die Menschen aus den inneren Kreisen. Auch wenn diese Haltung im Alltag nicht immer leichtfällt, zumindest von der Evolutions- und Verhaltensbiologie wird die stoische Weisheit gedeckt.

IMPULS: DAS SCHÖNE IN JEDEM MENSCHEN SEHEN

Suchen Sie einen Ort, an dem viele Menschen vorbeikommen. Beobachten Sie Ihre Mitmenschen genau und achten Sie bewusst auf ihre Gesichter. Versuchen Sie, etwas Schönes in ihnen zu entdecken. Und zwar unabhängig davon, ob Ihnen persönlich gefällt, was Sie dort sehen. Laut Platon ist Schönheit etwas unveränderlich Gegebenes und diese Idee der Schönheit spiegelt sich in jedem Menschen wider. Indem Sie Ihre Fähigkeit trainieren, das Schöne in jedem Menschen zu sehen, stärken Sie auch Ihre Verbundenheit mit allen Menschen – und damit eine stoische Haltung.

DIE »WIE DU MIR, SO ICH DIR«-FALLE ÜBERWINDEN

»So mancher, der jemandem eine Gefälligkeit erwiesen hat, ist schnell geneigt, ihm die Gunst vorzurechnen.«

(Marc Aurel)

Als der amerikanische Politikwissenschaftler und Mathematiker Robert Axelrod verschiedene Computerprogramme gegeneinander antreten ließ, machte er eine erstaunliche Entdeckung. Jedes Programm verfolgte eine eigene Strategie, um zu gewinnen. Einige kooperierten mit den Gegnern, andere betrogen, verhielten sich also entweder selbstlos oder egoistisch gegenüber den anderen Programmen. Durchgesetzt hat sich am Ende eine Strategie, die sich »Tit for Tat« nennt oder eben »Wie du mir, so ich dir«. Folgendes Verhalten war hier programmiert: Im ersten Schritt zeigte sich das Programm kooperativ und in allen folgenden Schritten kopierte es das Verhalten des jeweils anderen Programms. Zeigte sich ein Gegenüber zur Zusammenarbeit bereit, war es »Tit for Tat« auch. Verhielt sich ein Programm unkooperativ oder sogar eigennützig, zahlte »Tit for Tat« entsprechend zurück.

Interessanterweise findet man diese Strategie aber nicht nur in der Theorie oder in der Computersimulation, sondern auch in der Tierwelt. Die »Tit-for-Tat«-Strategie erklärt nämlich auch, warum nicht verwandte Tiere ihre Beute miteinander teilen und mit fremden Artgenossen kooperieren. In der Forschung spricht man von reziprokem Verhalten oder von Reziprozität. Ein

Schimpanse beispielsweise teilt seine Beute mit einem anderen, weil er annimmt, dass dieser das nächste Mal seine Beute auch mit ihm teilen wird.

Der Wunsch nach Kooperation und Gegenseitigkeit

Sehr wahrscheinlich kennen Sie das »Wie du mir, so ich dir«-Prinzip aus Ihren Beziehungen und Bekanntschaften: Sie laden eine Person ein und werden infolgedessen von ihr eingeladen. Oder umgekehrt: Jemand tut Ihnen einen Gefallen, woraufhin Sie sich bei nächster Gelegenheit dieser Person gegenüber erkenntlich zeigen. Dieses Verhalten sagt viel über uns Menschen aus. Einerseits sind wir alle grundsätzlich gemeinschaftlich und kooperativ gesinnt, andererseits lässt sich niemand gern übers Ohr hauen oder ausnutzen. Daher hat sich uns dieses »Wie du mir, so ich dir«-Prinzip im Laufe der Evolution tief eingeprägt.

Es ist wie ein natürlicher Reflex in uns, der im Zusammenleben zwei grundlegende Tendenzen verfolgt: Wir belohnen Kooperation und bestrafen, wenn andere nur ihren Vorteil suchen. Wir tun das, indem wir kooperative Menschen unterstützen oder indem wir diejenigen ausgrenzen und bestrafen, die uns oder andere ausgenutzt haben. Die »Tit-for-Tat«-Strategie ist sogar ein wesentlicher Motor für die Weltwirtschaft und unsere globale Kommunikation. Doch vor allem, wenn wir uns unsere engeren Beziehungen und Freundschaften anschauen, werden wir feststellen, wie stark der Impuls für Reziprozität in uns ausgeprägt ist. In den meisten Beziehungen herrscht der Wunsch nach Kooperation und Gegenseitigkeit, das heißt, die Freundschaft soll wechselseitig sein.

Was tiefe und echte Verbindung verhindert

An unserem Wunsch nach Wechselseitigkeit ist auch gar nichts falsch, wahrscheinlich ist er sogar die Voraussetzung, damit überhaupt so etwas wie Freundschaft, Empathie, Freundlichkeit und Interesse am anderen möglich ist. Paradoxerweise steht unser Wunsch nach Kooperation und Reziprozität einer tiefen und echten Verbindung aber manchmal auch im Weg.

Das Problem beginnt, wenn wir vergessen, worum es bei Freundschaft eigentlich geht – nämlich um wechselseitiges Geben und Nehmen – und wir uns stattdessen in einem destruktiven »Wie du mir, so ich dir« verlieren. Etwa wenn einer den anderen absichtlich oder unabsichtlich beleidigt. Oder wenn einer die Kontaktaufnahme über einen längeren Zeitraum nicht erwidert. Wir fangen dann an aufzurechnen und verlieren uns und unsere Beziehung in einem unheilvollen Wettbewerb um den persönlichen Vorteil.

Spätestens wenn Tricks, Konflikte sowie Gefühle von Konkurrenz, Benachteiligung und Neid in einer Freundschaft überwiegen, ist eine echte und tiefe Verbindung kaum noch zu realisieren. Aus der reziproken Kooperation entwickelt sich dann eine Spirale aus Bestrafung, Zorn und dem Gefühl, für dumm verkauft zu werden. Wir werden zunehmend misstrauisch, und das verletzte Ego übernimmt die Entscheidungshoheit. »All my kindness is taken for weakness«, heißt es in einem Hit von Rihanna, Paul McCartney und Kanye West. »Meine ganze Freundlichkeit wird mir als Schwäche ausgelegt«, wenn dieses Gefühl dominiert, ist es mit der Freundschaft in der Regel schon vorbei und das Gegeneinander steht im Vordergrund.

Den Kreislauf des Gebens verstehen

Echte Verbindung setzt voraus, dass wir unseren Hang zum Aufrechnen, Vergleichen und Abrechnen hinterfragen. Es geht darum zu erkennen, dass wir damit einem evolutionären Reflex und biologischen Instinkt folgen, der uns daran hindert, gute Beziehungen aufzubauen. Wer nämlich zu sehr darauf schielt, dass Geben und Nehmen in einer Beziehung im Gleichgewicht sind, wird sich nicht so leicht auf eine tiefere und echte Ebene einlassen, weil er oder sie mit einer Erwartungshaltung an die Sache herangeht. Das »Wie du mir, so ich dir«-Prinzip nährt die Erwartung in uns, dass wir all das Gute, das wir geben, jeweils von den gleichen Menschen und im gleichen Maß zurückbekommen sollten.

Statt uns auf den emotionalen Gewinn zu konzentrieren, den wir daraus ziehen, wenn wir geben und andere unterstützen, sind wir zu sehr mit Vergleichen beschäftigt und damit, etwas Vergleichbares zurückzuerwarten. Die negative Wirkung von »Wie du mir, so ich dir« beschreibt Marc Aurel folgendermaßen: »Mancher, der einem andern Dienste erwiesen hat, ist sogleich bei der Hand, sie ihm in Rechnung zu stellen; ein anderer ist zwar dazu nicht ohne weiteres bereit, sieht aber sonst in jenem seinen Schuldner und merkt sich genau, was er geleistet hat.«

Auch in unserem Leben gibt es Menschen und Umstände, die uns etwas schenken und uns unterstützen, ohne dass wir es auf die gleiche Weise erwidern oder zurückgeben. Der Kreislauf der Liebe und der gegenseitigen Unterstützung verläuft nicht immer linear oder symmetrisch. Im Gegenteil: Das Leben zeigt uns immer wieder, dass wir in ein komplexes Netzwerk des

Mitgefühls eingebunden sind, in dem sich Geben und Unterstützen nicht eins zu eins ausgleichen müssen. Um nicht auf der Ebene von kalkulierenden Computerprogrammen und berechnenden Schimpansen stehen zu bleiben, wenn es also um mehr geht als darum, ein Spiel zu gewinnen oder sich Nahrung zu sichern – dann müssen wir das »Wie du mir, so ich dir« hinter uns lassen. Erst dann werden wir eine echte und tiefe Verbindung mit anderen Menschen aufbauen können.

IMPULS: AUF VERTRAUENSWÜRDIGE EIGENSCHAFTEN ACHTEN

Denken Sie an fünf Menschen, die Ihnen aktuell wichtig sind. Ordnen Sie jeder Person mindestens eine vertrauenswürdige Eigenschaft zu. Handelt es sich um eine bestimmte Kompetenz oder eine Charakterstärke? Zeichnet sich die Person vielleicht durch Beständigkeit oder Fürsorglichkeit aus? Was ist es, das Sie mit Ihren fünf vertrauten Personen verbindet? Machen Sie eine zweite Liste mit vertrauenswürdigen Eigenschaften, die Sie in Ihre Beziehungen einbringen. Versuchen Sie auf dieser Grundlage zu verstehen, welche Bedingungen gegeben sein müssen, damit Sie sich wohlfühlen und einem Menschen vertrauen. Achten Sie in Zukunft verstärkt auf die vertrauenswürdigen Eigenschaften, die Sie für eine echte und tiefe Verbindung brauchen.

Wofür Freundschaft eigentlich da ist

Für die Stoiker ist Freundschaft kein Selbstzweck. Eine gute Beziehung ist mehr als zusammenzusein und gemeinsam Zeit zu verbringen. In der stoischen Philosophie steht Freundschaft im Dienste des guten Lebens. »Wenn du dir selbst eine Freude bereiten willst, dann denk an die Vorzüge deiner Mitmenschen, so etwa bei dem einen an seine Tatkraft, bei dem anderen an seine Bescheidenheit und bei dem nächsten an seine Freigiebigkeit, bei dem anderen wieder an etwas anderes«, schreibt Marc Aurel. Für die Stoiker ist eine Freundschaft ohne Selbsterkenntnis, Mut, Besonnenheit, Weisheit und Gerechtigkeit unvorstellbar. In Freundschaften können wir wachsen, unsere guten Charaktereigenschaften entwickeln und gemeinsam ein besseres Leben verwirklichen.

Es geht also um persönliche Entwicklung und darum, dass wir bessere, ehrlichere und glücklichere Menschen werden. In guten Freundschaften erleben wir einen Ort jenseits von reinem Nutzen, Profit und Wettbewerb. Hier geht es nicht um Selbstoptimierung, sondern darum, die Person zu werden, die wir sind. Oder anders ausgedrückt: Freundschaft hilft uns, ein guter Mensch zu werden. In Freundschaften pflegen und kultivieren wir all das, was den Stoikern erstrebenswert und wichtig ist: persönliche Wertschätzung, Freundlichkeit, Gelassenheit, Akzeptanz, Selbsterkenntnis, aktives Zuhören, Mitgefühl, Trost, konstruktive Kritik und positive Unterstützung. Das höchste, das wir laut Marc Aurel in einer Freundschaft erreichen können, ist, dass wir »zu denen gehören, die das Gute gewissermaßen ohne Überlegung tun«.

AUF EINEN BLICK: FREUNDSCHAFT

- **Beziehungen brauchen emotionale Tiefe:** Egal, mit wie vielen Menschen Sie befreundet sind, am Ende ist es die Qualität, die zählt. Gute Beziehungen brauchen tiefe und echte Gefühle. Vor allem sollten wir Verletzlichkeit zeigen. Denn das macht uns nicht nur sympathisch, es ist der Beweis für echtes Interesse.

- **Eine gute Beziehung lebt von der Unterschiedlichkeit:** Eine Beziehung gelingt nur dann, wenn wir die Andersartigkeit anderer akzeptieren. Dann profitieren wir auch von deren Stärken, denn Freunde sind auch Vorbilder, von denen wir etwas lernen können.

- **Wir wachsen an guten Beziehungen:** Freundschaften sind wie ein Trainingscamp, in dem wir unsere guten Seiten stärken und unsere dunklen Seiten besser in den Griff bekommen. Sie dienen unserer Selbsterkenntnis und unserer Weiterentwicklung.

- **Gleiches muss nicht mit Gleichem vergolten werden:** Wenn wir etwas geschenkt bekommen, müssen wir uns nicht zwangsläufig revanchieren und umgekehrt, nicht etwas zurückerwarten, wenn wir etwas geben. Gute Beziehungen leben von der Bereitschaft, auf das Verrechnen und Ausgleichen zu verzichten.

VIII

DIE MACHT DER LIEBE
Wie wir Beziehungen dauerhaft und wertschätzend gestalten

»Hekaton sagt: ›Ich kann dir einen Liebestrank zeigen, der ohne Drogen, Kräuter oder besonderen Zauber hergestellt wird – wenn du geliebt werden willst, liebe.‹«

(Seneca)

LIEBEN ZU LERNEN IST EIN LEBENSLANGER PROZESS

»Pass dich den Dingen an, mit denen dich dein Los verbunden hat. Und die Menschen, mit denen dich das Schicksal zusammengebracht hat, die habe lieb, aber aufrichtig.«

(Marc Aurel)

Keine Frage, die Liebe gehört zu den größten und aufregendsten Herausforderungen unseres Lebens. Was nicht zuletzt daran liegt, dass sich vieles an und in ihr unserer Kontrolle entzieht und dass sich diese Tatsache im Bereich Liebe und Partnerschaft besonders deutlich und oft schmerzhaft bemerkbar macht. Wir können uns nicht aussuchen, in wen wir uns verlieben, und wir wissen auch nicht, ob wir mit unserem Partner bis an unser Lebensende glücklich sein werden. Möglicherweise stirbt unser Partner viel früher als wir, oder wir werden krank und lassen ihn allein zurück. Ebenso kann es passieren, dass er uns verlässt, oder wir wollen die Beziehung beenden. Unsere Partnerwahl ist also nicht nur eine der wichtigsten Entscheidungen unseres Lebens. In einer festen Partnerschaft lassen wir uns auf etwas ein, dessen Entwicklung und Ausgang wir nicht absehen können.

Intime Beziehungen fordern uns außerdem in jedem Alter und in jeder Lebensphase immer wieder aufs Neue heraus. Es scheint ein Naturgesetz zu sein, das tatsächlich für alle Paare und Partnerschaften gilt, unabhängig von Geschlecht, Persönlichkeit und sexueller Orientierung. Denn psychologisch betrachtet haben alle Paare in Langzeitbeziehungen ähnliche Probleme und Themen, an denen sie sich abarbeiten, ob gleichgeschlechtlich, queer oder heterosexuell. Und alle neigen dazu, dieselben Fehler zu machen.

Wir betrachten Liebe als Selbstläufer

Einer der geläufigsten Denkfehler besteht darin, eine glückliche und stabile Beziehung als Selbstverständlichkeit anzusehen. Mit anderen Worten ausgedrückt: Wir glauben, Liebe sei ein Selbstläufer. Diese Haltung steht in engem Zusammenhang mit unserer Überzeugung, dass eine Scheidung oder Trennung immer nur die anderen betrifft. Die Wahrscheinlichkeit, dass die eigene Ehe geschieden wird, schätzen die meisten Menschen zum Zeitpunkt der Eheschließung auf gerade einmal 0 bis 8 Prozent ein. Womit wir einer romantischen Selbsttäuschung erliegen, wenn man bedenkt, dass in den westlichen Industrieländern im Schnitt fast jede zweite Ehe geschieden wird.

Unsere Selbsttäuschung geht einher mit einer romantischen Selbstüberschätzung. Wir sind davon überzeugt, dass wir für die Liebe nicht viel tun müssten, glauben sogar, dass wir intuitiv schon das richtige machen werden. Frei nach dem Motto: »Wir müssen nur die richtige Person finden, alles andere ergibt sich schon.« Statt zielgerichtet unsere Beziehungsfähigkeit zu verbessern, vertrauen wir darauf, dass starke Gefühle für eine Bindung ausreichen. Das weist auf eine weitere Täuschung hin, nämlich den Glauben, zwei Menschen müssten als Paar von Anfang an zusammenpassen. Zusammenzupassen ist aber keine Bedingung für Liebe. Es ist ein Prozess, in dem wir gemeinsam unsere

Beziehung aushandeln und den wir immer wieder neu in Gang setzen. Dass wir zusammenpassen, ist also eher so etwas wie das Ergebnis einer Liebesbeziehung.

Wir suchen Vertrautheit

Alle Menschen haben bestimmte Beziehungs- und Bindungsmuster verinnerlicht. Das heißt, wir wurden auf eine bestimmte Art und Weise geprägt. In unserer Kindheit haben wir alle Geborgenheit, Vertrauen und Liebe erlebt, aber auch Zurückweisung und Enttäuschung. Intuitiv streben die meisten Menschen danach, ihre persönlichen Bindungserfahrungen der Kindheit zu wiederholen. Nicht selten fühlen wir uns daher von Persönlichkeitstypen angezogen, die uns vertraut vorkommen. Wir können zwar die Partner wechseln, aber unsere Beziehungsmuster verändern sich deshalb nicht automatisch. So wiederholen sich manche Konflikte immer wieder, und oft ziehen sich bestimmte Themen wie ein roter Faden durch alle unsere Beziehungen.

Unser Wunsch, die frühen Bindungserfahrungen zu wiederholen, bedeutet: Wir wollen nicht nur das vertraute Glück von früher wieder erleben, wir wollen auch auf die uns vertraute Weise leiden. Beides muss passen, damit wir uns verlieben. Wir suchen also einen Partner, der uns im schmerzhaften und freudvollen Sinne mit unseren Mustern in Kontakt bringt. Deswegen empfinden wir Verliebtheit häufig als ein Gefühl von Vertrautheit. Manche Menschen suchen allerdings auch das Gegenteil dessen, was sie in ihrer Kindheit erlebt haben. In beiden Fällen werden wir herausgefordert, uns unsere Bindungserfahrungen und erlernten Beziehungsmuster bewusst zu machen.

IMPULS: POSITIVE UND NEGATIVE KINDHEITSERINNERUNGEN NUTZEN

Denken Sie zunächst an die negativen Eigenschaften Ihrer Eltern, die Sie am meisten beeinflusst haben. Suchen Sie sich die Eigenschaften heraus, unter denen Sie am meisten gelitten haben. Nun schauen Sie, ob Sie diese Eigenschaften auch in Ihrem aktuellen Partner oder in ehemaligen Partnern wiederfinden können. Denken Sie danach an die positiven Eigenschaften Ihrer Eltern, die Sie am meisten beeinflusst haben, und überprüfen Sie auch hier wieder Ihre Partnerschaften. Auf diese Weise machen Sie sich bewusst, wonach Sie unbewusst suchen.

Wir denken zu romantisch

Das perfekte Paar stellen wir uns gerne als zwei Menschen vor, die mehr oder weniger alles gemeinsam tun und miteinander teilen. Der Partner soll unser Seelenverwandter sein. Die Idee der Seelenverwandtschaft geht manchmal sogar so weit, dass wir glauben, uns intuitiv zu verstehen. Daraus wiederum entsteht die Erwartung, der andere müsse uns und unser widersprüchliches Gefühlsleben begreifen, und zwar ohne dass wir uns erklären müssten.

Diese Sehnsucht nach der perfekten anderen Hälfte, die auf vollkommene Weise zu uns passt und mit uns zusammen ein harmonisches Ganzes ergibt, ist tief in unserer Kultur verankert.

Platon erklärt sie mit der Geschichte von den »Kugelmenschen«. Diese hatten vier Arme und vier Beine. Weil sie den Göttern zu mächtig wurden, trennte Zeus sie in zwei Hälften – die nun einander suchen. So wurde bildhaft das starke erotische Begehren der Menschen begründet. Im 18. Jahrhundert, mit dem Zeitalter der Romantik, wurde die Sehnsucht nach der anderen Hälfte auch auf die Gefühlsebene übertragen. Und heute ist es für uns geradezu selbstverständlich, dass sich zwei Menschen aus Liebe heraus zusammentun. Seitdem haben sich in unseren Köpfen typische romantische Denkmuster entwickelt. Die vier einflussreichsten Erwartungen sind:

1. Wir wählen unseren Partner selbst aus.
2. Unser Partner versteht uns intuitiv.
3. Unser Partner akzeptiert uns, wie wir sind.
4. In einer Partnerschaft machen wir uns gegenseitig glücklich.

Die beste Vorbeugung gegen Enttäuschungen

Keine der vier romantischen Erwartungen ist realistisch.

1. In der Wahl unserer Partner sind wir weniger frei, als wir denken. Unsere vergangenen Prägungen und erlernten Beziehungsmuster spielen hier eine große Rolle.
2. Auch wenn es in der ersten Verliebtheit so aussehen mag, dass Partner sich ohne Worte verstehen – wir werden uns in einer Beziehung immer wieder erklären müssen. Manchmal führt selbst das nicht dazu, dass uns der andere versteht.
3. Kein Mensch auf der Welt wird es schaffen, alles an uns zu akzeptieren.
4. Unser Partner wird uns manchmal unglücklich machen.

Umgekehrt verhält es sich natürlich nicht anders. Unser Partner ist genauso wie wir von früheren Bindungserfahrungen beeinflusst. Er wird sich von uns manchmal unverstanden und nicht akzeptiert fühlen. Und zu guter Letzt wird auch er uns manchmal spiegeln, dass wir eher zu seinem Unglück beitragen als zu seinem Glück. Sind sich jedoch beide bewusst, dass ihre romantischen Erwartungen nicht immer erfüllt werden, können sie Enttäuschungen reduzieren oder abmildern.

Die romantische Fokussierungsillusion durchbrechen

Keine Person steht so stark im Fokus wie unser Partner fürs Leben und in niemanden sonst setzen wir so viel Hoffnung, Vertrauen und Erwartungen. Deshalb erscheinen uns dessen positive Seiten und seine Stärken naturgemäß größer und bedeutender, als sie sind. Psychologen nennen das eine »Fokussierungsillusion«. Ganz in diesem Sinne hegen und pflegen wir in uns die romantische Vorstellung und den innigen Wunsch: »Mit diesem Menschen werde ich die beste Zeit meines Lebens verbringen.« Unser Partner ist allerdings auch der Mensch, mit dem wir höchstwahrscheinlich besonders schmerzhafte Erfahrungen machen werden. Wir sollten uns deswegen ebenso sagen: »Mit diesem Menschen werde ich meine schlimmsten Konflikte, Verletzungen und Krisen durchleben.«

Entwicklungschancen durch Ungewissheit

Wer lieben will, muss mit einem gewissen Grad an Ungewissheit leben lernen. Zu lieben bedeutet daher immer auch, liebgewonnene Vorstellungen und vermeintliche Selbstverständlichkeiten loszulassen. Im Mut zur Ungewissheit und in unserer Bereitschaft, über uns hinauszuwachsen, liegen der Zauber und die Kraft jeder emotionalen Verbindung.

Epiktet bringt die realistische Einstellung der Stoiker hinsichtlich allzu hoher Erwartungen an die Liebe auf den Punkt: »Bei allem, was dir geschieht, denke daran, in dich hineinzuhören und dich zu fragen, welche Fähigkeit du besitzt, um damit umzugehen. Du erblickst einen schönen Mann oder ein hübsches Mädchen? Finde Enthaltsamkeit in dir. Du leidest? Finde Geduld. Auf diese Weise bist du nicht länger Spielball deiner Ansichten. Sage niemals, dass du etwas verloren hast. Sage, du hast es übergeben. Dein Kind ist tot? Du hast es übergeben. Deine Frau ist tot? Du hast sie übergeben.«

IMPULS: EINE UNROMANTISCHE FRAGE

Stellen Sie einer Person, in die Sie sich verliebt haben, gleich beim ersten oder zweiten Wiedersehen folgende Frage: »Welche unangenehme oder schwierige Seite von dir wird mich in fünf Jahren zur Verzweiflung bringen?« Natürlich sollten Sie bei einem solchen Gespräch auch bereit sein, über eine schwierige Seite von Ihnen zu reden. So eröffnen Sie nicht nur ein interessantes Gespräch und vertiefen Ihre Verbindung. Sie beleuchten damit auch den Raum jenseits der romantischen Fokussierungsillusion.

Angesichts einer höheren Sterblichkeitsrate und einer geringeren Lebenserwartung war es in der Antike keine seltene Erfahrung, dass man seine Partner, Kinder und Eltern unerwartet früh verlor. Aber eine Sache hat sich auch über die Jahrtausende nicht verändert. In kaum einem Bereich unseres Lebens sind wir durch unsere eigenen Erwartungen so verwundbar und so sehr auf die Entwicklung unserer Beziehungsfähigkeit angewiesen wie in der Liebe. Die Stoiker erinnern uns also daran, wie pflegebedürftig unsere Liebesbeziehungen sind.

EINE ERFÜLLTE BEZIEHUNG ENTWICKELN

»Gewöhne dich daran, über das von einem anderen Gesagte genau nachzudenken, und versetz dich nach Möglichkeit in die Seele des Sprechenden.«

(Marc Aurel)

Ein wesentlicher Motor für Liebesbeziehungen besteht darin, dass Partner sich ergänzen und das Zusammenleben mit ihren Stärken bereichern. Eine erfüllte und stabile Beziehung braucht daher eine regelmäßige Stärken- und Schwächenanalyse. Dafür müssen wir die Sprache unseres Partners verstehen und sie sprechen lernen. Denn wir unterscheiden uns nicht nur hinsichtlich unserer Stärken und Schwächen, auch unsere Bedürfnisse und Kommunikationsstile sind verschieden. Eine konstruktive Kommunikation wiederum setzt voraus, dass wir unserem Partner mit Empathie und Wohlwollen begegnen.

Wir sollten in unseren Beziehungsalltag deshalb regelmäßig Momente der Dankbarkeit einbauen, aber auch der Selbstliebe. Denn nur wer sich selbst mag, kann auch andere mögen.

Stärken und Schwächen reflektieren

Wir alle besitzen unterschiedliche Stärken und Schwächen. Und das eine gibt es nicht ohne das andere. Vielleicht ist jemand sehr gesellig, spontan und witzig, im Gegenzug aber manchmal auch chaotisch und unordentlich. Ein sehr strukturierter und selbstdisziplinierter Mensch dagegen tendiert womöglich dazu, sich allzu regelkonform und angepasst zu verhalten. Eine stark extrovertierte Person kann sehr freundlich und charmant sein, aber in manchen Punkten auch zu selbstbewusst und vielleicht sogar übergriffig. Eine eher kontrollierte und schüchterne Persönlichkeit ist vielleicht manchmal ein wenig langweilig, dafür aber ausgeglichen und zuverlässig.

Besonders relevant werden Schwächen dann, wenn Gewöhnung und Alltag in eine Beziehung eingezogen sind. Spätestens an diesem Punkt werden wir unweigerlich mit den »Fehlern« unserer Partner konfrontiert. Neben positive Eigenschaften wie Hilfsbereitschaft, Charme, Fröhlichkeit, Leidenschaft, wertschätzende Haltung … treten immer mehr auch weniger schöne Charakterzüge wie zum Beispiel Ungeduld, Unachtsamkeit, Kontrollzwang, Humorlosigkeit, Unzuverlässigkeit oder Entscheidungsschwäche. Die Illusion vom idealen Superpartner bekommt zumindest einen gehörigen Kratzer. Spätestens nach ein oder zwei Jahren Beziehung fällt es uns meist ziemlich leicht, die Schwächen des Partners aufzuzählen.

Beziehungskonflikte beginnen häufig damit, dass wir hinter diesen Schwächen eine Absicht vermuten. Wir glauben, dass unser Partner auch anders handeln könnte, wenn er nur wollte, ja, sogar, dass sein Verhalten explizit gegen uns gerichtet ist. Doch so wie hinter unseren eigenen Schwächen selten eine böse Absicht steckt, genauso denkt sich unser Partner meist nichts Böses bei dem, was er tut oder sagt. Vielmehr haben wir es hier häufig mit den Auswirkungen unserer Erziehung und unserer Beziehungerfahrungen zu tun.

Wie wir Schwächen mit Wohlwollen begegnen

Auch die Stoiker vertreten die Ansicht, dass die meisten Menschen vielfach nicht anders oder besser handeln können, als sie es tun: »Wenn du nämlich darauf achtest, wirst du deinen Zorn schnell vergessen, indem dir zugleich dabei einfällt, dass jener dazu gezwungen wird. Denn was sollte er tun? Wenn du kannst, nimm den Zwang von ihm«, empfiehlt Marc Aurel. Wir haben es letztlich einfach mit einem ganz normalen menschlichen Unvermögen zu tun. Versuchen Sie deshalb die Schwächen Ihres Partners zu tolerieren, denn sie sind in der Regel kein persönlicher Affront gegen Sie.

Selbst wenn unser Partner einen offensichtlichen Fehler begeht, sollten wir überprüfen, ob er sich dessen bewusst ist, und uns daran erinnern, dass Irren menschlich ist und wir alle Menschen sind. Marc Aurel schreibt dazu: »Dem Menschen ist es eigen, auch die Irrenden zu lieben. Das geschieht, wenn dir dabei in den Sinn kommt, dass sie mit dir verwandt sind und aus Unwissenheit und gegen ihren Willen fehlen.«

Für einen klugen Umgang mit den Schwächen unserer Partner kann auch die Kenntnis seiner und unserer Beziehungsmuster (siehe Seite 172) helfen. Wir können dann deutlicher sehen, dass hinter vielen Handlungen und Reaktionen keine böse Absicht steht, sondern dass sie aus einer älteren Prägung stammen. Marc Aurel zufolge hilft dieses Wissen, um unserem Partner wohlwollend zu begegnen.

Liebe als Vergeben von Schwächen

Entscheidend für eine gute Beziehung ist, dass wir Liebe nicht nur als Wertschätzen von Stärken verstehen, sondern auch als ein Vergeben von Schwächen. Die meisten Beziehungen scheitern nicht daran, dass Partner ihre jeweiligen Stärken nicht mehr sehen oder würdigen können. Das Problem liegt vielmehr darin, dass wir uns zu wenig Gedanken über die Gründe von Schwächen machen, die Fehler des anderen verurteilen und ihn ändern wollen. Statt jedoch unsere Zeit und Energie dafür zu verschwenden, sollten wir lieber in eine ehrliche Stärken-Schwächen-Analyse investieren.

Ganz im Sinne der Stoiker geht es dabei darum, unterscheiden zu lernen zwischen dem, was wir verändern können, und dem, was nicht veränderbar ist (siehe Seite 53 bis 58). Also zwischen der Möglichkeit, sich weiterzuentwickeln, und Verhaltensweisen, die wir unter Unvermögen verbuchen – und verzeihen sollten. Diese Unterscheidungsfähigkeit ist wichtig in Bezug auf uns selbst wie auch in Bezug auf unseren Partner. Vor allem aber dürfen wir Schwächen niemals für sich betrachten. Denn hinter jeder Schwäche liegt meist eine Stärke.

IMPULS: DIE STÄRKE HINTER DER SCHWÄCHE SEHEN

- Schreiben Sie alle Stärken Ihres Partners untereinander auf ein Blatt Papier, von denen Sie sich angezogen fühlen.
- Notieren Sie dann hinter jeder Stärke, welche Schwäche Ihres Partners möglicherweise mit ihr verbunden ist. Beispiele: Vielleicht ist Ihr Partner sehr zuverlässig und entspannt, manchmal aber auch etwas wortkarg oder langweilig. Oder Ihre Partnerin ist sehr willensstark und selbstbewusst und übersieht dabei manchmal Ihre Bedürfnisse.
- Versuchen Sie nun, sich an Situationen zu erinnern, in denen Sie unter einer Schwäche Ihres Partners litten.
- Anhand Ihrer Liste können Sie erkennen, welche Stärken hinter den Schwächen stehen. Fragen Sie sich, ob Sie auch ohne die Stärken leben wollten.
- Viele Schwächen Ihres Partners werden Sie dann differenzierter und vor allem in milderem Licht sehen.

Die Sprache des Partners sprechen lernen

»Unrecht tut oft derjenige, der etwas nicht tut, nicht nur der, der etwas tut«, schreibt Marc Aurel. Das heißt, wir machen nicht nur Fehler, indem wir etwas falsch machen, sondern auch, indem wir etwas unterlassen. Gerade im Beziehungsalltag gehen kleinere Aufmerksamkeiten, Lob und echtes Interesse am Partner häufig verloren.

Aus der psychiatrischen Arbeit mit Kindern und Jugendlichen stammt das Bild »Emotionaler Tank«. Vor allem Kinder sind darauf angewiesen, dass dieser Tank regelmäßig mit Liebe und Zuwendung aufgefüllt wird. Nicht viel anders verhält es sich mit Erwachsenen, meint der amerikanische Beziehungsexperte Gary Chapman. In seinem Buch »Die 5 Sprachen der Liebe« spricht er von einem »Liebestank«, den wir in Beziehungen immer wieder auffüllen müssen. Die Voraussetzung dafür ist, dass wir wissen, was unserem Partner wichtig ist, und die fünf Sprachen der Liebe in seinem Dialekt sprechen:

1. **Lob und Anerkennung:** Was ist meinem Partner wichtig? Über welches Lob freut er sich am meisten? Welche Form der Anerkennung nimmt er wirklich an?
2. **Zweisamkeit und gemeinsame Paarzeit:** Was macht beiden Spaß? Wobei können beide entspannen? Bin ich auch zu einer Sonntagsaktivität bereit, die nicht zu meinen Lieblingsbeschäftigungen gehört, die aber meinen Partner umso mehr erfüllt?
3. **Geschenke und Aufmerksamkeiten:** Wie kann ich meinem Partner eine Freude bereiten? Über welches Geschenk freut er sich besonders?
4. **Hilfsbereitschaft:** Zeige ich genügend Interesse am Alltag meines Partners? Biete ich ihm regelmäßig meine Hilfe an und unterstütze ich ihn genug?
5. **Zärtlichkeit und Sexualität:** Welche zärtlichen Berührungen mag mein Partner? Haben wir genügend Raum für Streicheleinheiten und Umarmungen? Kenne ich die sexuellen Fantasien und Wünsche meines Partners? Formuliere ich ihm gegenüber meine eigenen sexuellen Wünsche genügend?

IMPULS: ALLTÄGLICHE BEZIEHUNGSPFLEGE

Liebesbeziehungen wollen gepflegt werden und das am besten jeden Tag. Ein wichtiger Punkt der alltäglichen Beziehungspflege ist die Fähigkeit, Ihrem Lebensmenschen mitzuteilen, wie viel er oder sie Ihnen bedeutet. Finden Sie eine Formulierung, die das am besten ausdrückt, wie zum Beispiel: »Du bist der wichtigste Mensch in meinem Leben«, »Habe ich dir heute schon gesagt, dass ich dich liebe?« oder »Was würde ich nur ohne dich machen!?« Welche Formulierung auch immer passt – es geht darum, Ihre grundsätzliche Wertschätzung immer wieder in Worten auszudrücken.

Geliebt und wertgeschätzt fühlen wir uns nur, wenn das Befüllen des Liebestanks jeweils in unserer Sprache geschieht. »Die einzige wirkliche Reise besteht nicht darin, in neue Landschaften zu gehen, sondern das Universum durch die Augen eines Anderen zu sehen«, schreibt der französische Schriftsteller Marcel Proust. Was er hier für das Leben im Allgemeinen behauptet, ist besonders für Liebesbeziehungen unverzichtbar.

Entscheidend ist, dass wir uns wirklich Mühe geben, unseren Partner so anzusprechen, dass er unsere Zuneigung versteht. Andernfalls überschütten wir ihn vielleicht mit verbalen Liebesbeweisen, obwohl er sich mehr nach stiller Zweisamkeit sehnt. Der eine braucht viel Aufmerksamkeit in Worten, während die andere nach gemeinsamen Taten dürstet. Die eine braucht viel

Anerkennung, der andere dagegen mehr Unterstützung … Kommunizieren Sie mit Ihrem Partner in seiner Sprache, lassen Sie sich dabei aber ab und an etwas Neues einfallen. Denn eine gute Beziehung beruht nicht nur auf Beständigkeit und Kontinuität. Sie ist auch auf Abwechslung angewiesen. Loben, unterstützen oder berühren Sie Ihren Partner hin und wieder auf neue Art und Weise, das zeigt ihm, dass Sie sich wirklich um ihn bemühen.

Wenn es knirscht und kracht

Nehmen Konflikte und Unzufriedenheit in einer Beziehung zu, sind die Sprachen der Liebe ein wirksames Mittel, um den Liebestank wieder aufzufüllen. Bedenken Sie dabei folgenden wichtigen Punkt: Laut der sogenannten Balance-Theorie braucht es in Beziehungen ungefähr fünf positive Erlebnisse, um ein negatives Erlebnis auszugleichen. Das Befüllen des Liebestanks ist also auch eine Frage der Quantität.

Entscheidend ist dabei übrigens nicht, dass wir immer fühlen, was wir sagen oder tun. Es geht um das Bedürfnis unseres Partners. Oder genauer gesagt, um die bewusste Entscheidung, dem anderen etwas Gutes zu tun. Wenn wir seine Sprache der Liebe sprechen, ist unser Ziel, ihm ein gutes Gefühl zu vermitteln. Liebe hat auch mit der Fähigkeit zu tun, sich nicht nur an den eigenen Gefühlen und Bedürfnissen zu orientieren.

Dankbarkeit als Schlüssel zu mehr Wertschätzung

Einer der wichtigsten Schlüssel zu einer erfüllten und dauerhaften Beziehung ist Dankbarkeit. Sie ist quasi die Zauberformel für die tägliche Beziehungspflege.

IMPULS: 15 MINUTEN REDEZEIT FÜR JEDEN

Vereinbaren Sie mit Ihrem Partner einen festen Termin in der Woche, an dem Sie sich 30 Minuten Redezeit gönnen. Jeder darf dann 15 Minuten reden, und zwar ohne, dass der andere ihn unterbricht. Wichtig ist, dass beide in diesem Zeitraum aussprechen dürfen, was ihnen auf dem Herzen liegt. Zuhören ist eine Form der Wertschätzung und eine Möglichkeit, die Sprache des jeweils anderen zu lernen. Danach können Sie als Paar selbst entscheiden, welchen der angesprochenen Punkte Sie noch einmal vertiefen möchten.

Die Idee der Dankbarkeit findet sich in allen Religionen und Weisheitslehren wieder. Auch die Psychologie hat die Kraft der Dankbarkeit längst für sich entdeckt. Doch wofür können wir in einer Beziehung dankbar sein? Wichtig ist, dass wir Dankbarkeit nicht einfach als einmalige Reaktion sehen, etwa auf ein Geschenk oder ein gutes Wort. Das ist natürlich auch wichtig. Vielmehr noch ist Dankbarkeit jedoch als Haltung gedacht, in der wir unsere Aufmerksamkeit auf das Positive lenken und es dauerhaft wertschätzen. Eine dankbare Haltung hilft uns auch im Umgang mit Konflikten und mit den schwierigen Seiten einer Beziehung. Wir können unserem Partner beispielsweise dafür dankbar sein, dass wir mit ihm unsere Beziehungsmuster leben dürfen, oder dafür, dass wir uns an seinen schwierigen Seiten reiben und uns dabei weiterentwickeln dürfen.

IMPULS: DANKBARKEITSTAGEBUCH

- Um allgemein eine dankbare Haltung zu trainieren, halten Sie jeden Abend die drei schönsten Momente des Tages schriftlich fest, für die Sie Dankbarkeit empfinden.
- Um Dankbarkeit in Ihrer Beziehung zu kultivieren, schreiben Sie jeden Tag drei Dinge auf, für die Sie in Ihrer Beziehung dankbar sind. Das können Eigenschaften Ihres Partners sein, aber auch Situationen oder kleine Details, die Sie als angenehm und beglückend erleben. Teilen Sie am Abend diese drei Dinge Ihrem Partner mit. Bedanken Sie sich anschließend dafür.

»Bei allem, was wir tun, sollten wir so dankbar wie nur möglich sein. Denn Dankbarkeit ist eine gute Sache, wohingegen Gerechtigkeit es eher nicht ist, da sie im Allgemeinen anderen gilt. Dankbarkeit zahlt sich in großem Maße aus«, schreibt Seneca. Wer Dankbarkeit fühlt für das, was ihm passiert, steigert nicht nur sein Wohlbefinden und seine innere Stärke. Er wird auch seinem Gegenüber mit mehr Wohlwollen, Geduld und Großzügigkeit entgegentreten. Dankbarkeit zahlt sich also für beide aus. Damit der Kreislauf der Dankbarkeit funktioniert, müssen drei Ebenen gegeben sein. Wir müssen Dankbarkeit

1. wahrnehmen,
2. mitteilen und
3. annehmen.

»Danke, dass du mich liebst!« Manchmal lässt sich mit einem einfachen Satz im richtigen Moment ein Kreislauf der Wertschätzung aktivieren. Vorausgesetzt, unser Partner ist bereit, unsere Dankbarkeit anzunehmen und seine wiederum mit uns zu teilen.

SICH SELBST LIEBEN

»Wer niemanden liebt, mache sich darauf gefasst, von niemandem geliebt zu werden.«

(Epiktet)

Dass wir geliebt werden wollen, liegt in unserer Natur. Mit diesem Bedürfnis kommen wir als Säuglinge auf die Welt und es begleitet uns das ganze Leben. Wir bedürfen der Zuwendung anderer und wollen spüren, dass sie uns lieben. Genauer gesagt: Wir wollen uns geliebt fühlen. Nun können wir aber von keiner Person erwarten, dass sie uns permanent liebt. Weder unsere Eltern sind dazu in der Lage noch unsere Partner, Freunde oder Kinder. Die einzige Person, von der wir erwarten können, dass sie uns ein Leben lang Liebe und Mitgefühl entgegenbringt, sind wir selbst.

In ihrem Buch »Ich sag' mir selber Guten Morgen« schreibt die Psychotherapeutin Eva Jaeggi über das Single-Dasein als moderne Lebensform. Ihr zufolge stehen Singles vor der besonderen Herausforderung, ihren inneren Raum immer wieder mit Leben zu füllen.

Auch in der Liebe im Einklang mit uns selbst

Unseren inneren Raum erobern wir zum ersten Mal in der Kindheit, wenn wir erfahren, dass unsere Mutter zwar in erreichbarer Nähe ist, wir uns aber eigenständig beschäftigen. Wir erleben Geborgenheit und machen zugleich die Erfahrung, dass wir den anderen Menschen in diesem Moment nicht brauchen. Wir erleben uns als unabhängig und lernen, unseren inneren Raum eigenständig zu erkunden und zu füllen. Es ist genau diese Eigenständigkeit und liebevolle Selbstfürsorge, die in Partnerschaften manchmal zu kurz kommt.

Sobald wir erkennen, dass die intimste und wichtigste Beziehung die mit uns selbst ist, ob wir nun allein leben oder in einer Partnerschaft, wird uns eine Sache klar: Im Zweifelsfall sind wir für unser Glück und unsere Zufriedenheit selbst verantwortlich. Oder mit den Worten von Eva Jaeggi: »Zu glauben, der Andere muss mich glücklich machen, ist der größte Glücks- und Liebeshemmer. Es gibt Dinge, die muss man sich selbst erschaffen, auch ohne den Partner.« Dieser Aussage hätten die Stoiker wohl zu einhundert Prozent zugestimmt.

Wir brauchen Selbstliebe, um lieben zu können

Selbstliebe umfasst weit mehr als zu akzeptieren, wie wir sind. Sie setzt voraus, dass wir uns die Fürsorge schenken, die wir brauchen. Selbstliebe heißt demnach: Wir verbinden uns mit unserem inneren Raum und machen im Prinzip alles, was wir auch mit einem echten Partner machen. Wir hören uns zu, sind für uns da und schauen liebevoll auf unsere Schwächen. Wir unterstützen uns, wenn wir Hilfe brauchen und leiden. Wir kennen unsere Sprachen der Liebe und schenken uns Anerkennung, Lob und Zärtlichkeit. Letztlich machen wir eine Erfahrung, die für das Gelingen unserer Beziehung wesentlich ist: dass wir nämlich unseren Liebestank selbst auffüllen können.

Sich selbst lieben heißt also, dass wir eine Beziehung mit uns selbst führen. Dabei achten wir vor allem auf die Teile unseres Selbst, mit denen wir noch nicht oder nicht mehr verbunden sind. Statt voller Verachtung auf etwas in uns zu blicken, das uns nicht gefällt, entwickeln wir liebevolle Aufmerksamkeit und Wertschätzung für die Teile in uns, die sich nicht gesehen fühlen oder die wir als nicht liebenswert empfinden.

IMPULS: DEN INNEREN RAUM MIT SELBSTLIEBE FÜLLEN

Legen Sie sich auf den Rücken und nehmen Sie eine möglichst entspannte Haltung ein. Atmen Sie tief ein und nehmen Sie Ihren inneren Raum wahr. Spüren Sie die Wärme, die durch Ihren Körper fließt. Denken Sie nun an etwas, das Sie einzigartig macht. Lassen Sie sich Zeit damit, bis sich dazu auch ein Gefühl einstellt. Denken Sie dann an etwas, das Sie so sehr erfüllt, dass Sie dabei Ihren Partner vergessen. Spüren Sie ein paar Minuten diesen positiven Gefühlen nach. Stellen Sie sich dabei einen goldenen Lichtstrahl vor, der Ihren ganzen Körper wärmt und ausfüllt.

Allein die Entdeckung, dass wir uns selbst (mehr) lieben können, kann eine große Bereicherung in unserem Leben sein. Übrigens legen Studienergebnisse nahe, dass Menschen mit ausreichend Selbstliebe und Selbstmitgefühl mehr emotionale Ressourcen für andere haben. Das heißt, Selbstliebe erhöht auch unsere Fähigkeit, andere zu lieben.

Zu lieben macht zufriedener, als geliebt zu werden

Für die Stoiker gibt es in intimen Beziehungen zwei Bedürfnisse, die wir miteinander vereinbaren müssen. Wir wollen uns dauerhaft binden und gleichzeitig im Einklang mit uns und unseren Bedürfnissen bleiben. Dabei ist Lieben wichtiger als Geliebtwerden. Das sagen nicht nur die Stoiker, sondern weiß auch die moderne Psychologie. »Zu lieben ist schöner, als geliebt zu werden. Wer das nicht spürt, hat ein therapiebedürftiges Problem«, meint etwa die Psychoanalytikerin Margarete Mitscherlich. Auf das »Geliebt-Werden« haben wir ohnehin nur einen sehr bedingten Einfluss. Wir können allerdings lernen, uns selbst zu lieben, dadurch unsere Beziehungs- und Liebesfähigkeit erhöhen und schließlich durch die Liebe zu einem anderen Menschen glücklicher und zufriedener werden. Umgekehrt bedeutet das: Wir machen uns auf Dauer selbst unglücklich, wenn wir in unseren Beziehungen sehr viel Wert darauf legen, geliebt zu werden. Das ist vermutlich die eigentliche Pointe der stoischen Philosophie, der die meisten Psychologen heute zustimmen würden: Wir sorgen letztlich für unser psychisches Wohlbefinden und unsere Zufriedenheit, wenn wir andere und uns selbst lieben.

AUF EINEN BLICK: LIEBE

- **Das Besondere an der Liebe:** In kaum einem Lebensbereich liefern wir uns so sehr unserer Verletzlichkeit aus wie in Liebesbeziehungen. Deshalb erklären die Stoiker die Liebe zu einem Gut, von dem wir uns nicht abhängig machen sollten. Andererseits ist ein gutes Leben ohne Liebe undenkbar.

- **Warum Liebesbeziehungen scheitern:** Ein wesentlicher Grund für Konflikte und Trennungen liegt in der rosaroten Brille, mit der wir Beziehungen eingehen – sprich an falschen Vorstellungen. Unsere Verliebtheit sehen wir als Zeichen dafür, dass wir den passenden Partner gefunden hätten, und glauben, damit sei das Thema Beziehung schon geregelt. Tatsächlich will Beziehung aber ständig gestaltet werden.

- **Wie Liebesbeziehungen gelingen:** Partnerschaften erfordern die Bereitschaft, sich gemeinsam zu entwickeln. Dafür müssen wir uns austauschen. So finden wir heraus, was wir als gegeben akzeptieren müssen und wo wir etwas verändern können. Wir lernen unseren Partner immer besser kennen und verstehen, und können ihm unsere Liebe in seiner Sprache zeigen. Außerdem können wir dann wohlwollender mit seinen Fehlern umgehen und das Positive an der Beziehung deutlicher sehen. Doch auch wir selbst sind wichtig. Wenn wir uns selbst Zuwendung schenken, werden wir unabhängiger und gleichzeitig beziehungsfähiger.

IX

DIE WEISHEIT DES PESSIMISMUS
Wie wir zu glücklichen Schwarzsehern werden und Krisen vorbeugen

»Das Schicksal trifft jeden hart, der nicht damit rechnet. Wer stets gewappnet ist, der erträgt es leichter.«

(Seneca)

EMOTIONALE SCHADENSBEGRENZUNG BETREIBEN

»Man gewöhne sich daher an seine Lage und klage möglichst wenig darüber; was sie Angenehmes hat, das halte man fest.«

(Seneca)

Ich hätte es wissen müssen. Als ich am Mittag eine E-Mail von der Deutschen Bahn erhielt und mir mitgeteilt wurde, dass mein gebuchter Zug heute Abend nicht nach Plan fahren würde, da hätte ich sofort reagieren und mit allem rechnen müssen. Ich hätte gleich zum Hauptbahnhof fahren sollen, um einen früheren Zug zu nehmen. Stattdessen fuhr ich zur geplanten Uhrzeit von zu Hause los und nahm die nächstmögliche Verbindung nach Frankfurt am Main, bei der ich dreimal umsteigen musste. An eine anfängliche Signalstörung in Hamburg-Altona reihten sich weitere Verzögerungen, mehrere außerfahrplanmäßige Halte, ein Polizeieinsatz und eine nicht geplante Kopplung mit einem anderen Zug. In der Zwischenzeit überholten mich zwei Züge, mit denen ich direkt nach Frankfurt hätte fahren können.

Nach drei Stunden Verspätung konnte ich in Göttingen umsteigen und gerade noch so den letzten Zug nach Frankfurt erwischen. Erst als ich gegen 1 Uhr nachts statt um 22 Uhr in der Mainmetropole ankam, fiel mir auf, dass ich keine Hotelbuchung dabei hatte. Ausnahmsweise war sie mir nicht per E-Mail, sondern per Post zugeschickt worden. Ich erinnerte mich nur noch an den Namen des Hotels, musste aber bald feststellen, dass es eine Kette war und es insgesamt drei Häuser mit dem Namen gab. Ich entschied mich für das in Bahnhofsnähe. Dort konnte mich der Nachtdienst allerdings aufgrund eines internen Systemabsturzes nicht zuordnen und so saß ich bis ungefähr 2.30 Uhr in der Hotellobby und wartete, bis ich endlich ein Zimmer zugewiesen bekam. Es war natürlich das falsche Hotel und auf der Rückreise am nächsten Tag habe ich dann noch mein Portemonnaie verloren.

Wahrscheinlich kennen auch Sie Pechsträhnen, in denen sich ein negatives Ereignis an das nächste reiht. Wir stolpern von einem Missgeschick zum anderen, und einen Moment später wartet bereits eine weitere Panne auf uns. Insbesondere die psychischen Folgen sind bei einer solchen Pechsträhne nicht zu unterschätzen. Wir regen uns auf, sind gestresst, verlieren die Nerven oder werden um unseren Schlaf gebracht. Schlafmangel und Stress erhöhen wiederum die Wahrscheinlichkeit, dass uns weitere Fehler passieren.

Unser verzerrter Blick auf Verluste

Unvorhergesehene Pannen, Hindernisse und den Verlust von Portemonnaies können wir nicht rückgängig machen. Auch Folgeerscheinungen wie das aufwendige Organisieren der neuen Dokumente und Ausweise können wir nicht verhindern. Wir können jedoch unserem Hang zur »Verlustaversion« entgegenwirken. Damit ist gemeint, dass wir Verluste meist höher bewerten als Gewinne. Etwas zu verlieren, macht uns also mehr zu schaffen, als es uns freut, etwas zu gewinnen. Pläne aufzugeben, sich von etwas oder jemandem zu trennen, sich zurückzunehmen oder aufgrund einer globalen Epidemie in allen Lebensbereichen Verzicht zu leisten, all das fällt uns oftmals enorm schwer.

Mentale Buchführung

Um ein gutes Leben zu führen, ist es gemäß der Stoa wichtig, sich nicht von negativen Gefühlen beherrschen zu lassen (siehe Seite 47 bis 69). Deshalb beschäftigen sich die Stoiker ausgiebig damit, wie wir am besten mit unangenehmen Überraschungen und negativen Ereignissen umgehen.

Alles beginnt damit, dass wir uns darin üben, uns über nichts mehr zu wundern beziehungsweise uns darauf einzustellen, dass vieles im Leben nicht nach unseren Wünschen und Plänen verläuft. Oder wie Marc Aurel es formuliert: »Wie lächerlich und fremd ist der, der sich über etwas wundert, was im Leben geschieht.« Werden wir doch wieder einmal überrascht, können wir mit einem gezielten Einsatz von bewussten Interpretationen den Ausbruch negativer Gefühle, wenn schon nicht verhindern, dann doch zumindest begrenzen. Das gelingt mithilfe von drei imaginären Konten.

- **Pannenkonto:** Hier verbuchen Sie Rückschläge, Hindernisse und außerplanmäßige Ereignisse. Rechnen Sie damit, dass Sie im Grunde täglich auf dieses Konto einzahlen müssen. Seien Sie dankbar für jeden einzelnen Tag, an dem Sie das nicht tun. Aber hoffen Sie nicht auf solche Tage. Reibungsfreie Abläufe sind eher die Ausnahme als die Regel. Wundern Sie sich also nicht mehr über Pleiten, Pech und Pannen und akzeptieren Sie das Unvermeidliche.

DER STOISCHE ZAUBERSTAB

Der griechische Gott Hermes war im Besitz eines magischen Stabes. Alles, was er damit berührte, wurde zu Gold. Epiktet riet seinen Schülern, sie sollten die stoische Philosophie als einen Hermesstab betrachten, der jedes Missgeschick und jedes Hindernis durch seine Berührung in etwas Gutes verwandelt. In der stoischen Auseinandersetzung mit dem Negativen steckt also letztlich eine tiefe Zuversicht. Der Philosoph und Finanzexperte Nassim Nicholas Taleb spricht hierbei von »Antifragilität«. Damit meint er unsere Fähigkeit, über uns hinauszuwachsen und nach Rückschlägen und Krisen stärker und robuster dazustehen als davor.

- **Spendenkonto:** Hier geht es darum, unerwartete Ereignisse und Rückschläge konstruktiv zu interpretieren. Wenn wir uns zum Beispiel kurz vor einem wichtigen Abgabetermin erkälten, erscheint das zunächst vielleicht als Katastrophe. Wir können die Erkältung aber auch als Aufforderung deuten, uns ein paar Tage zu schonen, was uns gut tun wird. Die Spende geht an uns, indem wir uns etwas Gutes tun. Darüber hinaus zahlen Sie hier im Geiste all das Geld ein, das anderen zugute kommt, also Steuern, Bußgelder für Strafzettel, freiwillige Spenden und Geld, das Sie verlieren oder das Ihnen gestohlen wird. Betrachten Sie diese Ausgaben und Kosten nicht als Verlust, sondern als Spende. Steuern zum

Beispiel dienen ja dem Gemeinwesen, und 100 Euro, die Ihnen abhanden kommen, findet vielleicht jemand, der arm ist und das Geld nötiger braucht als Sie. Wenn wir die genannten Ausgaben positiv bewerten, können wir mit der Situation besser abschließen. Den Verlust oder eine unverhoffte Erkältung können wir nicht ungeschehen machen, unsere Interpretation des Geschehens aber haben wir in der Hand.

- **Glückskonto:** Mit den Buchführungstricks auf Pannen- und Spendenkonto sparen Sie zwei wertvolle Dinge, nämlich Zeit und Nerven. Buchen Sie deshalb auf diesem dritten Konto alle Missgeschicke, Pannen und Rückschläge, durch die Sie ohne großen Ärger und ohne unnötig viel Aufregung navigieren. Denken Sie dabei an diesen Grundsatz von Seneca: »Man gewöhne sich daher an seine Lage und klage möglichst wenig darüber; was sie Angenehmes hat, das halte man fest.«

Werden Sie ein optimistischer Zweckpessimist

Je besser die Einzahlungen auf den ersten beiden Konten klappen, desto dicker schwillt das dritte Konto an, sprich Ihre Lebensqualität erhöht sich. Sie schonen Ihren Blutdruck und schütten weniger Stresshormone aus. Es gelingt Ihnen dann besser, angemessen zu reagieren, einen kühlen Kopf zu bewahren und die richtigen Entscheidungen zu treffen. Das alles wiederum kann uns dabei helfen, zukünftige Missgeschicke abzuwenden oder zu vermeiden.

Zusammenfassend können wir also festhalten: Wir erreichen Lebenszufriedenheit durch die Einsicht, dass das Leben ständig Unwägbarkeiten bereithält. Wo möglich, versuchen wir, Missgeschicke zu vermeiden. Wenn es uns dennoch kalt erwischt, überwinden wir unseren Hang, Negatives höher zu bewerten, und versuchen, diesem eine positive Seite abzugewinnen. Statt uns über Verluste und Rückschläge aufzuregen, tricksen wir uns selbst aus. Wir betreiben emotionale und mentale Schadensbegrenzung, indem wir unsere Erlebnisse als notwendiges Schicksal verbuchen und konstruktiv interpretieren. So werden wir zu optimistischen Zweckpessimisten, die ihr Pech in Gold verwandeln. Ganz im Sinne von Marc Aurels Devise »Denke künftig bei allem, was dir Leid bereitet, daran, dich an folgenden Grundsatz zu halten: Das ist kein Unglück, im Gegenteil, es mit Anstand zu ertragen, ist ein Glück.«

STOISCHER PESSIMISMUS

*»Wenn du jede Besorgnis ablegen willst,
dann stell Dir vor, dass alles, was Du befürchtest,
es könnte geschehen, auf jeden Fall eintreffen wird,
und was immer jenes Übel sein mag, betrachte es von
allen Seiten, und schätze Deine Furcht ab.«*

(Seneca)

Als im Jahr 165 n. Chr. die Antoninische Pest ausbrach (siehe auch Seite 237), stellte das die Römer vor ungewohnte Herausforderungen. Ihren Ursprungsort hatte die Krankheit in China. Von dort aus verbreitete sie sich entlang der Seidenstraße. Die römischen Legionen brachten sie dann bis nach Gallien und an den Rhein.

Ihren Höhepunkt erreichte diese Pandemie aber erst im Jahr 189, also über 20 Jahre nach ihrem Ausbruch. Allein in Rom starben damals jeden Tag 2000 Menschen. Verwaltung und Medizin standen der Seuche vollkommen hilflos gegenüber. An einen Impfstoff war damals nicht zu denken, und Kaiser Marc Aurel wie auch alle anderen Römerinnen und Römer mussten die Seuche als Schicksal oder Bestrafung der Götter akzeptieren. Sie konnten das Geschehen nicht kontrollieren. Die stoisch Gesinnten waren aber vielleicht innerlich auf Katastrophen vorbereitet. Indem Marc Aurel jeden Morgen über seine Sterblichkeit reflektierte, setzte er sich auch mit einer möglichen Infektion auseinander.

Vorbereitung auf den Worst Case

Eine der bekanntesten Gedankenübungen der Stoiker ist die »Praemeditatio malorum«, manchmal auch »Pre-Mortem« oder »negative Visualisierung« genannt. Seneca beschreibt diese Meditation als geistige Vorwegnahme (Praemeditatio) von Hindernissen und Widrigkeiten (malorum). In ihr beschäftigen sich die Stoiker bevorzugt mit dem eigenen Tod, dem Exil, der Möglichkeit schlimmer Krankheiten, mit Armut und mit dem Verlust eines geliebten Menschen. »Halte dir jeden Tag den Tod und das Exil vor Augen, sowie weitere Dinge, die dir furchtbar erscheinen – wenn du das tust, wirst du niemals liederliche Gedanken in dir tragen und auch kein übermäßiges Verlangen entwickeln«, empfiehlt Epiktet.

Die Pre-Mortem steigert unsere Wertschätzung und minimiert Ängste. Indem wir uns vorstellen, dass wir unser Leben, unsere Heimat, unsere Freiheit, geliebte Menschen oder unsere

Gesundheit verlieren, lernen wir einerseits, den Wert und die Bedeutung dieser Dinge und Personen wieder mehr zu schätzen. Andererseits dringen wir tief in unsere Angstgefühle ein und wiederholen die Horrorvorstellung so lange, bis sich eine Beruhigung und eine Gewöhnung einstellen. Für Seneca ist gerade dieser Effekt entscheidend: »Deshalb gewöhnt sich der Weise an künftige Unglücksfälle, und was andere nur durch langes Erdulden leicht machen, macht er leicht durch langes Nachdenken.« Das heißt, wir bereiten uns auf mögliche Schicksalsschläge und Krisen vor, indem wir uns im Vorfeld emotional und mental daran gewöhnen. In diesem Sinne ist die stoische Pre-Mortem ein Gelassenheitstraining. Wir malen uns ein Worst-Case-Szenario aus für den Fall, dass es oder etwas Vergleichbares tatsächlich eintreten sollte. »Alles, was kommen kann, sieht er voraus, als würde es ihm wirklich zustoßen, und damit schwächt er die Wucht aller Schicksalsschläge«, schreibt Seneca über die Haltung der Stoiker.

Aktiver Umgang mit der Angst

»Alles, was du willst, liegt auf der anderen Seite der Angst«, sagte der Schauspieler Will Smith einmal. Damit gibt er eine wesentliche Überzeugung der Stoiker wieder: In unserem Leben geht es nicht darum, Angst zu vermeiden, sondern darum, sie aktiv aufzusuchen und produktiv für uns zu nutzen. Und das nicht nur in Zeiten, in denen es uns schlecht geht. Trainieren sollen wir unsere Widerstandsfähigkeit vor allem in guten Zeiten. »Noch inmitten völliger Sicherheit soll die Seele sich auf schwere Prüfungen vorbereiten«, schreibt Seneca.

IMPULS: DAS SORGENBUCH

- Notieren Sie in einem Büchlein oder einer Datei einmal täglich Ihre Sorgen. Nehmen Sie sich dafür pro Tag ungefähr 10 bis 15 Minuten Zeit. Allein das konzentrierte Aufschreiben der Sorgen wirkt bereits wohltuend: Unser Kopf muss nicht ständig um sie kreisen, weil er nun weiß, dass die Sorgen nicht ignoriert werden.
- Vergleichen Sie nach einer Woche Ihre Sorgen und finden Sie heraus, welche Gedanken immer wiederkehren.
- Dann stellen Sie sich vor, das Schlimmste würde wirklich eintreten. Sehen Sie sich mit den schrecklichsten Konsequenzen konfrontiert, müssen Sie über Ihre Sorgen hinaus denken. So werden sich viele davon in Luft auflösen. Bei den Sorgen, die bestehen bleiben, wissen Sie nun, dass Sie sie ernst nehmen und Lösungen dafür finden sollten.
- Führen Sie weiterhin täglich Ihr Sorgenbuch. Beobachten Sie, wie sich Ihre Sorgen verändern, und setzen Sie sich einmal in der Woche hin, um Lösungen zu finden.

Ziele erreichen nicht leicht gemacht

»Was würdest du tun, wenn du nicht scheitern könntest?«, lautet eine beliebte Frage in Motivationscoachings. Sie ist absolut berechtigt, denn sie regt unsere Vorstellungskraft an und kann verborgene Wünsche aus uns herauskitzeln. Allerdings droht auch die Gefahr, dass wir vor lauter Träumen nicht weiterkommen.

Unsere Wünsche und gute Ideen sind nur der Anfang, wenn es darum geht, Ziele zu erreichen und/oder Träume zu verwirklichen. Was wir zur Zielerreichung im weiteren Prozess brauchen, sind auch Fragen und Überlegungen wie: Was tun wir, wenn wir scheitern? Woran werden wir am ehesten scheitern? Was sind die gefährlichsten Hindernisse und Stolpersteine, die unseren Weg zur Wunscherfüllung erschweren oder ganz verbauen könnten? Hier geht es sowohl um äußere Hindernisse, wie (zu wenig) Geld oder starke Konkurrenten, als auch um Stolpersteine in uns, wie Selbstsabotage (siehe auch Seite 95). Worst-Case-Szenarien lohnen sich also auch, wenn wir Projekte vorantreiben und Ideen umsetzen wollen, weil sie uns vor Illusionen bewahren und wir mögliche Problemlösungen bereits im Vorfeld entwickeln können.

Optimismus, Pessimismus – das richtige Maß ist wichtig

Um Missverständnissen vorzubeugen: Im stoischen Pessimismus, wie er sich in der Pre-Mortem zeigt, geht es nicht darum, dass wir jeden Tag mehrere Stunden in unsere wildesten Alpträume und Horrorszenarien eintauchen. Dadurch wird niemand glücklich und gelassen, und ein Zuviel an negativen Gedanken schadet sogar. Wir sollten grundsätzlich darauf achten, dass wir den positiven Aspekten in unserem Leben mehr Raum geben als den negativen. Eine gute Portion Optimismus ist ein grundlegender Faktor für ein gutes und zufriedenes Leben. Allerdings macht Optimismus allein weder glücklich noch erfolgreich. Gerade bei komplexen Aufgaben und Zielen kann uns zu viel Optimismus sogar im Weg stehen.

Die Optimismusfalle umgehen

Die Psychologin Gabriele Oettingen hat über 20 Jahre lang darüber geforscht, wie Menschen am besten Lebensträume verwirklichen, wobei es sich immer um Ziele handelte, die ohne Anstrengung und komplexes Denkens nicht zu haben wären. Sie hat die zwei wichtigsten Gründe dafür herausgefunden, warum allzu positives Denken manchmal hinderlich ist:

1. Positives Fantasieren und Träumen von unseren Zielen entspannt uns so sehr, dass uns die nötige Handlungsenergie verloren geht, die wir brauchen, um ein Ziel zu verfolgen.
2. Wir versäumen, uns die Hindernisse vor Augen zu führen, und scheitern womöglich deshalb an der Umsetzung.

Vielleicht haben Sie auch schon einmal den Tipp erhalten, dass Sie negatives Denken nicht zulassen sollen. Das Gegenteil ist der Fall. Um uns wichtige Wünsche zu erfüllen, müssen wir auch negativ denken und unsere Zukunftsträume mit den wahrscheinlichen Hindernissen anreichern. Psychologen nennen dieses Vorgehen »mentales Kontrastieren«. WOOP heißt die entsprechende Methode von Gabriele Oettingen. Sie besteht aus vier Schritten:

1. Wunsch (Wish): Am Anfang stellen wir uns in aller Ruhe unseren Wunsch bildhaft vor (Imagination). Der darf gerne anspruchsvoll sein, wir sollten ihn aber auch für erfüllbar halten.
2. Ergebnis (Outcome): In diesem Schritt stellen wir uns die positiven Folgen vor, die eintreten, wenn der Wunsch wahr würde. Wichtig ist, für das Ergebnis ganz konkrete Bilder zu finden und es in kurzen Sätzen zu beschreiben. Genießen Sie bewusst die guten Gefühle, die damit einhergehen.

3. Hindernis (Obstacle): Nach der positiven Imagination kommt der Realitätsabgleich. Das heißt, wir richten unsere Aufmerksamkeit auf alles, was der Realisierung unseres Wunsches entgegenstehen könnte, und sehen die größtmöglichen inneren und äußeren Hindernisse vor unserem geistigen Auge (Visualisierung). In kurzen Sätzen halten wir fest, wie diese Faktoren zum Scheitern beitragen werden.
4. Plan (Plan): In der vierten Phase entwickeln wir konkrete Schritte, wie wir unser Ziel erreichen und die potenziellen Hindernisse überwinden können. Für Letzteres formulieren wir Wenn-dann-Sätze.

Ein Beispiel für WOOP: Vielleicht möchten Sie Ihre Arbeitszeit reduzieren. Mögliche Hindernisse könnten sein, dass Sie dann mit weniger Geld auskommen müssen und Ihr Chef mit dem Vorhaben nicht einverstanden ist. Stellen Sie sich folgende Fragen: Wie kann ich das fehlende Gehalt einsparen? Wie reagiere ich, wenn der Chef Nein sagt? Die Wenn-dann-Sätze könnten dann lauten: »Wenn das Geld nicht reicht, verkaufe ich mein Auto.« Und: »Wenn der Chef Nein sagt, schaue ich mich nach einer anderen Stelle um, oder ich versuche, wenigstens drei Monate unbezahlten Urlaub zu erwirken.«

Erfüllbare Wünsche stärken die Selbstwirksamkeit

Um Ziele zu erreichen, reicht es also nicht, die Hindernisse zu kennen, sondern wir müssen uns auch überlegen, mit welchen Strategien und Verhaltensweisen wir uns helfen können. Psychologen sprechen hierbei von Resilienz (von lateinisch »resilire« für »zurückspringen«, »abprallen«) oder psychischer Widerstandskraft. Letztlich stärken wir damit auch unsere allgemeine Selbstwirksamkeit, also den grundsätzlichen Glauben in unsere Fähigkeit, dass wir aus eigener Kraft etwas bewirken und auch schwierige Situationen und Krisen bewältigen können.

Im Zuge des mentalen Kontrastierens bemerken wir dann auch, ob ein Wunsch erfüllbar, ein Ziel für uns wirklich erreichbar ist oder nicht. Ob wir unsere Zielsetzung verändern oder vielleicht ganz verwerfen müssen. Unrealistische Wünsche würden auf Dauer unsere allgemeine Selbstwirksamkeit und unsere Lebenszufriedenheit beeinträchtigen.

IMPULS: LEBENSPLANUNG PER BRIEF

Stellen Sie sich vor, wie Sie in zehn Jahren sein werden, und schreiben Sie in einem Brief an dieses zukünftige Selbst, was Sie bis dahin erleben könnten und erreichen wollen.

- Beginnen Sie mit »Liebe/r X, in zehn Jahren wirst du …« und beschreiben Sie zunächst Ihre künftige Lebenssituation (Schritt 1 und 2 von WOOP).
- Schildern Sie Ihrem zukünftigen Selbst dann, welche Herausforderungen und Krisen in den nächsten fünf bis zehn Jahren auf Sie zukommen könnten (Schritt 3).
- Entwerfen Sie als Briefanhang einen Plan (Schritt 4), wie Sie sich schon heute vorbereiten und mögliche Hindernisse überwinden und Krisen bewältigen wollen.

Erst wenn wir negative Konsequenzen, Hindernisse und Grenzen ausgelotet haben, können wir positive Strategien entwerfen und sind motiviert, alles Nötige zu tun, um ein Ziel tatsächlich zu erreichen. In den Worten von Epiktet klingt das so: »Bei allem, was du tust, bedenke die Voraussetzungen und Folgen und geh erst dann ans Werk. Andernfalls wirst du anfangs voll Begeisterung an die Sache herangehen, da du ja keine der möglichen Entwicklungen bedacht hast, später aber, wenn irgendwelche Schwierigkeiten auftauchen, schmählich aufgeben.«

PESSIMISTISCH FEST IM LEBEN STEHEN

»Die Lebenskunst hat mit der Fechtkunst mehr Ähnlichkeit als mit der Tanzkunst, weil man auch auf unvorhergesehene Streiche gerüstet sein und unerschütterlich fest stehen muss.«

(Marc Aurel)

Seneca empfiehlt, dass wir immer eine mit den wichtigsten Sachen gepackte Tasche parat haben sollten, falls wir nachts aus irgendwelchen Gründen fluchtartig das Haus verlassen müssen. Zugegeben: Die Wahrscheinlichkeit, dass man nachts von einem Brand geweckt wird und in kürzester Zeit raus muss, war vor 2000 Jahren im alten Rom um einiges höher als in unseren Tagen. Dennoch bewährt sich Senecas Tipp auch heute noch wunderbar, um Gefühle von Unbehagen und Angst positiv zu beeinflussen. Er ist Teil eines ganzen Präventionsprogramms, mit dem sich die Stoiker auf mögliche Verluste und Schicksalsschläge emotional vorbereitet haben. Egal, worum es sich handelt – einen Brand in der Nacht, den Verlust von Wertgegenständen, eine Krankheit oder den eigenen Tod.

Raus aus der Komfortzone

Neben Imagination oder Visualisierung (siehe Seite 204 bis 205) haben die Stoiker auch ein ganz praktisches Training entworfen, um sich gegen Tiefschläge zu wappnen. Sie empfehlen zum Beispiel einen präventiven Umgang mit der Angst vor Armut. »Übrigens bin ich so fest entschlossen, deine Seelenstärke auf die Probe zu stellen«, schreibt Seneca. »Schiebe ein paar Tage ein, an denen du dich mit kärglichster und einfachster Kost, mit grober und rauer Kleidung begnügen und zu dir sprechen magst: ›Ist es das, wovor man sich fürchtete?‹«

Grundsätzlich schlief Seneca auf einer harten Matratze, um sich nicht an Luxus zu gewöhnen. Er verzichtete auch auf Fleisch und üppige Speisen. Wohlgemerkt: Seneca gehörte zu den wohlhabendsten Männern Roms. Er besaß mehrere Anwesen im heutigen Spanien, Ägypten und Italien und hatte durch großzügige Spenden von Kaiser Nero ein stattliches Vermögen angesammelt. Nichtsdestotrotz ernährte er sich manchmal von trockenem Brot und trank Wasser aus einer Art Hundenapf.

Auch Diäten, der bewusste Verzicht auf Vergnügen und das Verlassen der Komfortzone gehörten zum Repertoire dieser praktischen Übungen. Cato der Jüngere zum Beispiel, ein Stoiker und römischer Senator der späten Römischen Republik, übte sich in freiwilligem Unbehagen, fernab von seinem hohen

Status. Bei Hitze und Regen lief er manchmal barfuß und ohne Kopfbedeckung durch die Straßen. Oder aber er trug Kleidung, die seinem Rang nicht angemessen war, und setzte sich so absichtlich dem Gelächter und Spott der Bewohner aus.

Den Stoikern ging es bei ihren Übungen unter anderem darum, sich auf Schicksalsschläge und Ausnahmesituationen vorzubereiten wie etwa eine Krankheit, Statusverlust, den Aufenthalt im Exil oder im Gefängnis. Wenn sie ein paar Tage im Monat entsprechend lebten, könnten sie in Zukunft besser mit Einschränkungen umgehen, so die Stoiker.

IMPULS: SICH SELBST HERAUSFORDERN

Ob Sie zwei Wochen lang auf Süßigkeiten und Zucker verzichten oder versuchen, für einen selbst festgelegten Zeitraum mit wenig Geld auszukommen – es gibt unzählige Möglichkeiten, wie Sie sich auf schlechtere Zeiten und Ausnahmesituationen vorbereiten können. Sie können auch durch Regen spazieren gehen oder durch matschige Pfützen laufen. Duschen Sie sich nach dem frühen Aufstehen morgens kalt ab oder gehen Sie in die Sauna, um sich anschließend mit Eiswasser abzuhärten. Langer Rede kurzer Sinn: Setzen Sie sich einer für Sie unangenehmen Situation aus. Dabei geht es nicht um Bestrafung, sondern darum, dass Sie sich bewusst herausfordern und Ihre Komfortzone verlassen.

Widersacher, Egoisten und Nervensägen

Zum stoischen Pessimismus gehört es auch, täglich mit dem Kontakt zu unfreundlichen Menschen zu rechnen. Marc Aurel baut das in seine Morgenroutine ein (siehe Seite 82 bis 83) und empfiehlt: »Frühmorgens sage zu dir: Ich werde mit einem kleinlichen, undankbaren, unverschämten, falschen, neidischen, egoistischen Kerl zusammentreffen.« Als Kaiser musste er auf Zeitgenossen vorbereitet sein, die nicht nur Gutes im Sinn hatten und ihn manipulieren oder ausnutzen wollten. Statt sich jedoch auf Streit, Abwehr und Konflikt einzustellen, stimmte er sich auf Güte, Toleranz und Nachsicht ein. »Gegeneinander zu arbeiten, ist wider die Natur«, schreibt er und erinnert sich daran, was ihn mit diesen unfreundlichen Menschen trotz allem verbindet: »Ich weiß, dass die Menschen, die falsch handeln, mir dennoch verwandt sind.«

Marc Aurel weiß außerdem, dass er nur sich, nicht den anderen beeinflussen kann: »Vor allem kehre in dich selbst zurück, wenn du ihn als treulos und undankbar tadelst. Denn offensichtlich liegt der Fehler ja bei dir, wenn du bei einem Menschen mit einer solchen Gesinnung glaubtest, er werde dein Vertrauen nicht enttäuschen.« Und für einen gelassenen Umgang mit Menschen, die uns schaden wollen, ihren eigenen Vorteil suchen oder einfach nur nerven, sollten wir uns auch immer wieder Marc Aurels Einsicht vor Augen halten: »Ist es denn möglich, dass es keine unverschämten Menschen auf der Welt gibt? Das ist nicht möglich.«

Pessimistisch sein und wohlwollend die eigene Einstellung hinterfragen ist allemal weiser, als Unmögliches zu erwarten.

AUF EINEN BLICK: PESSIMISMUS

- **Der Irrtum:** Pessimismus hat einen schlechten Ruf – zu unrecht. Denn bewusst eingesetzt, kann er unser Leben verbessern. Die Stoiker haben einen geradezu methodischen Pessimismus entwickelt.

- **Die Methode:** Die Stoiker empfehlen, sich ausgiebig mit möglichen Schicksalsschlägen und Hindernissen auseinanderzusetzen. Das können wir tun, indem wir die Probleme im Geiste durchspielen oder uns bewusst unangenehmen Situationen aussetzen.

- **Der Gewinn:** Durch die Methode können wir Schwierigkeiten entweder vermeiden, oder wir haben – gegebenenfalls – schon Lösungsideen für sie parat. Und das Unvermeidliche lässt sich weit besser ertragen, wenn wir es im Vorfeld schon einige Male geistig und emotional durchlebt haben.

- **Die Weisheit:** Stoische Pessimisten fürchten nicht das Schlimme, sondern wappnen sich im Vorfeld dagegen. Deshalb sind sie gelassener und zufriedener als notorische Optimisten, die leicht enttäuscht werden können. Darüber hinaus nehmen sie das, was ihnen einmal passiert ist, als Schicksal und lernen daraus. Und nicht zuletzt gelingt es ihnen, den Widrigkeiten des Lebens positive Seiten abzugewinnen. Sie sind also optimistische Zweckpessimisten.

X

DIE LEICHTIGKEIT DES SEINS Wie wir sterben lernen und gut dabei leben

»Es ist doch reichlich spät, erst dann mit dem Leben zu beginnen, wenn man es schon bald beenden muss! Und wie unvernünftig ist es, seine Sterblichkeit so weit zu vergessen, dass man gute Vorsätze auf das fünfzigste und sechzigste Lebensjahr verschiebt.«

(Seneca)

EINES DER NATÜRLICHSTEN GEHEIMNISSE DER WELT

»Was gestorben ist, fällt nicht aus dem Kosmos heraus. Wenn es hier bleibt, dann verwandelt es sich auch hier und löst sich in die Bestandteile des Kosmos auf; aber auch sie verwandeln sich und murren nicht.«

(Marc Aurel)

Schon als Kind habe ich den Tod als schmerzliche Bedrohung empfunden. Vor allem der Verlust anderer Menschen erschien mir unerträglich. Wie viele Kinder wurde ich mir mit ungefähr acht Jahren der Vergänglichkeit allen Lebens bewusst. Die Vorstellung, dass nahestehende Menschen und auch ich selbst einmal völlig verschwinden sollten, ließ mir an so manchen Abenden keine Ruhe.

»Der Tod ist ebenso wie die Geburt ein Geheimnis der Natur; diese ist eine Verbindung aus denselben Grundstoffen, wie jener eine Auflösung in sie ist; aber da ist nichts, was uns unwürdig vorkommen könnte«, schreibt Marc Aurel in seinen »Selbstbetrachtungen«. Vielleicht hätte es mir damals geholfen, wenn man mir erklärt hätte, dass der Tod etwas Natürliches ist, der genauso wie die Geburt zum Leben gehört. Doch hätte mich das nicht vor dem Schmerz geschützt, den der Tod und das Sterben auslösen können. Zwei Dinge fand ich als Kind besonders bedrohlich: zum einen den verstorbenen Körper, den wir zurücklassen und der sich ohne unser Zutun verändert und verwest. Nicht umsonst sind Leichen aus unserer Alltagskultur verbannt worden. Bis heute sind sie für viele Menschen mit Scham, Ekel und Tabus besetzt. Zum anderen erschütterte mich die Endgültigkeit, mit der uns der Tod konfrontiert. Unsere Endlichkeit ist keine Option, die wir wählen oder ablehnen können. Sie ist eine Tatsache, die uns dazu zwingt, ein Ende zu denken, aus dem kein neuer Anfang hervorgehen wird. Möglicherweise entsteht etwas Neues, aber dieses Neue wird für uns ein Geheimnis bleiben. So wie auch der Ursprung des Universums bis heute ein Geheimnis für uns geblieben ist.

Mut zur Ungewissheit

Für die Stoiker gibt es nur zwei Möglichkeiten, die uns nach dem Tod erwarten können. Entweder werden wir ganz aufhören zu sein, oder wir werden weiter leben. Marc Aurel bringt diese zwei Optionen mit folgenden Worten auf den Punkt: »Wer den Tod fürchtet, fürchtet entweder das Aufhören allen Empfindens oder einen Wechsel der Empfindung. Aber wenn man gar nichts mehr empfindet, wird man auch kein Übel mehr empfinden. Wenn man aber eine andere Art des Empfindens erhält, wird man ein anderes Wesen sein und nicht aufhören zu leben.«

Im Gegensatz zum Christentum und zu den meisten anderen Religionen lassen die Stoiker hier bewusst eine Leerstelle. Sie wollen sich weder damit abfinden, dass mit dem Tod alles aufhört, noch wollen sie sich konkrete Bilder machen, wie ein anderes Leben nach dem Tod aussehen könnte. Vielmehr sollen wir uns mit unserer Vergänglichkeit und Endlichkeit anfreunden, indem wir jede konkrete Erwartung und Vorstellung davon loslassen. Unser Tod ist für die Stoiker ein offenes Ende. Den

Tod anzunehmen bedeutet für sie, dass wir uns auf das Unbekannte und Ungewisse einlassen. Der Tod ist der letzte große Kontrollverlust in unserem Leben.

Ein natürlicher Prozess

Dem Tod geht das Sterben voraus. Stoiker sehen darin einen ganz natürlichen Prozess, der wie alles andere auch in das große Ganze eingebunden ist. Dieses Eingebunden-Sein hört auch mit dem Tod nicht auf. Denn der Körper zerfällt dann in seine kleinsten Teile und wird wieder Teil der Natur. Er bleibt also Teil des Kosmos. Wie im Leben, so ist auch im Tod alles mit allem verbunden und wandelt sich.

Der stoische Mut zum offenen Ende beruht also auf dem Vertrauen, dass das Universum nichts verliert, der tote Körper lediglich einer permanenten Wandlung unterliegt. Unsere Aufgabe ist es, diesen unvermeidlichen Transformationsprozess zu akzeptieren und uns darüber hinaus keine konkreten Bilder oder weiteren Vorstellungen zu machen. Für die Stoiker geht es beim Sterben vor allem um das Vertrauen in die Tatsache, dass wir mit dem Kosmos auf unzertrennliche Weise verbunden sind. Und damit hängt wiederum die Einsicht zusammen, dass wir angesichts des Kosmos keine riesige Bedeutung haben. Marc Aurel hat vor über 1800 Jahren versucht, jeden Morgen bei Sonnenaufgang über die eigene Bedeutungslosigkeit sowie seine Vergänglichkeit zu meditieren. Und das wohlgemerkt als der mächtigste Mensch der damals bekannten Welt. Um wie viel näher müsste eine solche Meditation dann den Normalsterblichen liegen?

IMPULS: TEIL DES GANZEN WERDEN

- Setzen oder legen Sie sich bequem hin, schließen Sie die Augen und atmen Sie dreimal tief durch. Stellen Sie sich nun vor, Sie sitzen mitten in der Wüste auf einer riesigen Sanddüne und schauen in die Weite. Die Sonne geht auf und vor Ihnen verschmelzen Himmel und Erde am Horizont.
- Machen Sie sich angesichts dieses Naturschauspiels bewusst, wie nichtig Ihr Leben und Wirken ist, verglichen mit der Größe und der inneren Harmonie des Universums.
- Spüren Sie, wie die Erfahrung der eigenen Bedeutungslosigkeit in ein befreiendes Gefühl mündet. Die Erkenntnis, ein ganz kleiner Teil dieses Ganzen zu sein, macht Sie für einen Moment erhaben und demütig zugleich.

DAS ABSCHIEDNEHMEN ÜBEN

»Ihr fürchtet alles, als wäret ihr nur sterblich; ihr begehrt alles, als wäret ihr auch unsterblich.«

(Seneca)

Entsprechend der stoischen Lehre können und sollten wir schreckliche Ereignisse – unvermeidliche und mögliche – im Geiste vorwegnehmen, um sie rational und emotional zu verarbeiten (siehe Seite 200 bis 203). Dies gilt nicht zuletzt, sondern vor allem für das Sterben und den Tod. Statt uns vor ihm zu fürchten oder ihn zu verdrängen, sollen wir uns im Laufe des Lebens immer wieder auf das eigene Ende gefasst machen – sprich: sterben lernen. Nur wie?

Wir verabschieden uns bereits im Leben immer wieder von Erwartungen und Vorstellungen. Damit trainieren wir einen gelassenen Umgang mit den Unwägbarkeiten des Lebens. Gleichzeitig bereiten wir uns mit diesem Training auf den eigenen Tod vor, denn Sterben heißt Abschied nehmen. Nicht zuletzt die Corona-Krise hat ein Übungsfeld dafür geboten, Erwartungen und sicher geglaubte Annahmen loszulassen.

Umgekehrt kann der Blick auf das eigene Ende dabei helfen, uns auf Erfahrungen von Verlust und Abschied vorzubereiten, die ohnehin auf uns zukommen. Denn: »In jeder Lebensphase werden wir auf eine andere Weise dazu aufgefordert, uns von liebgewonnenen Ansprüchen und Vorstellungen zu verabschie-dengrein«, so die Psychotherapeutin Eva Jaeggi.

Sterben lernen heißt also, loslassen lernen, und loslassen lernen, heißt sterben lernen.

Je nach Lebensalter

Vielleicht ist Ihnen heute bewusst, was Sie zufrieden macht und was ein gutes Leben für Sie ausmacht. Sie können also definieren, was Glück und Erfolg für Sie bedeuten. Diese Definition hat aber keine Gültigkeit für das ganze Leben. Verlassen Sie sich vielmehr darauf, dass Sie Glück und Erfolg immer wieder anders erleben und für sich definieren werden. Ob Gelassenheit, innere Ruhe, Selbsterkenntnis, Glück, Erfolg oder unsere Vorstellung von einem guten Leben, all das verändert sich im Laufe des

Lebens. Das Gleiche gilt auch für die Vergänglichkeit. Die Art und Weise, wie wir uns mit ihr beschäftigen und wie wir ihr begegnen, verändert sich je nach Lebensphase und Gesundheitszustand. Vergänglichkeit hat für eine 30-Jährige eine andere Bedeutung als für eine 60-Jährige. Genauso werden wir inneren Frieden und Glück mit 25 Jahren anders erleben als mit 65.

Vorsicht, Selbstüberschätzung!

»Gerade in den mittleren Jahren macht jeder Mensch irgendwann die Erfahrung, dass die gesellschaftliche Dynamik keinen ewigen Aufstieg zulässt und jedem von uns Erfahrungen von Stillstand und Abstieg zumutet«, meint Eva Jaeggi. Doch gibt es in einer Welt, die auf Optimierung und Machbarkeit angelegt ist, kaum Platz für Erfahrungen dieser Art. Wir leben in einer erfolgs- und optimierungsfixierten Gesellschaft, die das Schicksal und letztlich auch das Scheitern aus ihrem Weltbild ausgeschlossen hat. Wenn wir scheitern, sehen wir das heute meist als persönliches Ich-Versagen. Der Gedanke, wir könnten aus Gründen scheitern, die wir selbst nicht in der Hand haben, ist uns weitestgehend fremd geworden. Einerseits haben wir dadurch verlernt, mit Gefühlen von Ungewissheit und Unsicherheit umzugehen. Andererseits verstärken wir damit die Tendenz, uns selbst maßlos zu überschätzen. Das wiederum führt dazu, dass wir nur äußerst ungern zur Kenntnis nehmen, wenn unser Zenit überschritten ist, und dass wir unsere Vergänglichkeit und unser Ende gern aus dem Bewusstsein verdrängen.

Um unseren eigenen Einfluss auf den Lauf der Dinge nicht überzubewerten, können wir uns immer wieder vor Augen halten, dass der Zufall eine ganz erhebliche Rolle im Leben spielt. Auch für unseren Erfolg. Das schützt uns davor, uns vor lauter Selbstüberschätzung auch noch für unsterblich zu halten.

»Laut Statistik gibt es zwei Bereiche, in denen wir auffallend einheitlich zu Selbstüberschätzung neigen: überdurchschnittlich intelligent zu sein und überdurchschnittlich jung auszusehen«, sagt Eva Jaeggi. Genau deshalb sind wir auch so empfänglich für Komplimente wie »Mensch, bist du klug!« oder »Du siehst aber jung und frisch aus!«. Dabei weiß fast jeder Mensch, dass gerade unser Aussehen zu einem großen Teil von unseren Genen abhängt. Auch hier sollten wir uns also in stoischer Bescheidenheit üben, denn wir haben wenig Einfluss darauf. Der Hype um das jugendliche Aussehen in unserer Gesellschaft ist im Übrigen auch ein Hinweis darauf, wie sehr wir mental vor unserer Vergänglichkeit die Flucht ergreifen.

Unser größter Feind sind wir selbst

Der Zufall entscheidet über unseren Geburtsort, unsere Familie, unser Aussehen, unsere Intelligenz und alles, was wir an Kapital und Fähigkeiten von Geburt mitbekommen. Die Stoiker würden hier wahrscheinlich die Schicksalsgöttin Fortuna (siehe Seite 32) ins Spiel bringen. Ob Zufall oder Göttin, ändert nichts an der Tatsache, dass wir nur einen Bruchteil unserer Rahmenbedingungen selbst erschaffen. Entweder wir haben Glück und befinden uns in einem Umfeld, in dem unsere Fähigkeiten zur vollen Entfaltung kommen können, oder aber wir haben Pech und finden uns in einem Umfeld wieder, das die Ausgestaltung unserer persönlichen Anlagen und Talente eher behindert. In der Regel erleben wir aber beides. Einige Einflüsse sind positiv und förderlich, andere wiederum schaden uns und stehen unserer Entwicklung im Weg.

In jedem Fall hängt ein großer Teil dessen, wie es in unserem Leben läuft, von Faktoren ab, für die wir nichts können. Ein Grund mehr, sich selbst nicht so wichtig zu nehmen und den eigenen Einfluss auf unser Sein nicht zu überschätzen. Oder wie Epiktet über den stoischen Weisen schreibt: »Mit einem Wort: Vor sich selber ist er auf der Hut wie vor einem hinterlistigen Feind.« Alles, was wir sind, was wir haben und können, ist ein Ergebnis blinden Zufalls, meinen die Stoiker. Uns das bewusst zu machen kann sehr wohltuend und befreiend sein und unsere Vergänglichkeit erträglicher machen.

IMPULS: WAS VON UNS ÜBRIG BLEIBT

Wenn Sie mit etwas hadern, einen Misserfolg erleben, sich über etwas oder jemanden ärgern, stellen Sie sich folgende Frage: Wird diese Sache für mich in einem Jahr noch wichtig sein? Versuchen Sie dann, Ihr Leben und sich selbst aus der Perspektive des nächsten Jahrhunderts zu betrachten. Seien Sie ehrlich: Was wird von Ihnen und dieser Sache dann noch übrig geblieben sein? Denken Sie dabei an diese Worte von Marc Aurel: »Bald wirst du alles vergessen haben, und bald werden auch dich alle vergessen haben.«

DAS GUTE LEBEN VOR DEM TOD

»Nur das lieben, was einem widerfährt und was vom Schicksal verhängt wird. Denn was wäre angemessener?«

(Marc Aurel)

Für das gute Leben ist es nie zu früh oder zu spät: »Weder soll man in der Jugend zögern zu philosophieren noch im Alter zu philosophieren müde werden. Denn nie ist es zu früh oder zu spät, etwas für die Gesundheit der Seele zu tun«, schreibt der Philosoph Epikur. Für ihn gibt es kein richtiges oder falsches Alter, um sich mit philosophischen Gedanken und Fragen zu beschäftigen. Das Philosophieren, insbesondere die stoische Philosophie, kann in jeder Lebensphase zu mehr Gelassenheit und Lebensglück beitragen.

Irrelevant ist beim Philosophieren nicht nur das Alter. Auch die Tageszeit spielt keine Rolle, ebenso wenig die Umstände, unter denen wir es tun. Marc Aurel schreibt dazu: »Wie deutlich drängt sich mir die Erkenntnis auf, dass es keine Lebenslage gibt, die zum Philosophieren so geeignet wäre wie die, in der ich mich jetzt befinde.« Ob am frühen Morgen im Bett wie Seneca, beim Unterrichten von künftigen Stoikern und Kaisern wie Epiktet oder mitten im Krieg wie Marc Aurel – die Stoiker philosophierten quasi immer und überall. Verschieben Sie die Seelenpflege und damit das gute Leben nicht ins hohe Alter oder auf eine unbestimmte Zukunft. Fangen Sie am besten heute noch mit den ersten Schritten an. Der richtige Zeitpunkt ist immer hier und jetzt.

Es gibt kein perfektes Leben – wir müssen immer wieder nachjustieren

Wir alle wünschen uns bestmögliche Start- und Lebensbedingungen für uns und unsere Angehörigen. Machen wir dazu ein kleines Gedankenexperiment, das aus der Feder des Investors Warren Buffett stammt: Stellen Sie sich eineiige Zwillinge im Bauch der Mutter vor, beide gleich intelligent und gleich vital. Plötzlich kommt eine Fee angeflogen und sagt: »Einer von euch wird in den USA aufwachsen, der andere in Bangladesch. Derjenige, der in Bangladesch aufwächst, wird keine Steuern zahlen müssen.« Überlegen Sie, welchen Anteil Ihres zukünftigen Einkommens Sie dafür geben würden, um derjenige Zwilling zu sein, der in den USA zur Welt kommt oder in einem anderen Land, in dem Sie gerne und sicher leben wollen. In persönlichen Gesprächen hat der Autor und Unternehmer Rolf Dobelli herausgefunden, dass viele Menschen sogar bis zu 80 Prozent Ihres Einkommens dafür investieren würden. Allein unsere Bereitschaft, für unser Wunschland sehr viel Geld zu bezahlen, macht deutlich, wie sehr wir an idealen Rahmenbedingungen interessiert sind.

Doch Zufall und Schicksal geben nicht viel auf perfekte Start- und Rahmenbedingungen. Vielmehr sollten wir uns an den folgenden Gedanken gewöhnen: Das gute Leben ist kein Zustand. Wäre das so, müssten wir uns tatsächlich nur auf die perfekten Bedingungen konzentrieren. Und sobald wir alle nötigen Hebel bewegt, die wichtigsten Weichen gestellt und alles schön nach unseren Wünschen perfekt aufgestellt haben, wären wir wie geplant an unser Ziel gekommen. Dem ist aber nicht so.

EIN DYNAMISCHES SELBSTBILD

Das ganze Leben ist ein Veränderungsprozess. Deshalb kommen Menschen mit einem dynamischen, also wandelbaren Selbstbild gut damit zurecht. Denn sie sind eher bereit, zu lernen und zu wachsen. Sie sehen Fehler und Rückschläge als Möglichkeit, etwas Neues auszuprobieren und sich weiterzuentwickeln. »Alles Widrige betrachtet er als eine Übung«, schreibt Seneca. Menschen mit einem dynamischen Selbstbild können Misserfolge in einen Erfolg verwandeln. Oder mit den Worten des Schauspielers Sean Connery: »Nichts ist hilfreicher als eine Herausforderung, um das Beste in einem Menschen hervorzubringen.«
Im Gegensatz dazu steht das statische Selbstbild, das Fehler und Rückschläge als Bedrohung und Abwertung des eigenen Selbst ansieht. Menschen mit einem statischen Selbstbild verstehen Misserfolge und Verluste häufig als Urteil im Sinne von: »Du kannst es eben nicht!«

Alles was wir nicht beeinflussen können, verändert sich andauernd und deshalb geht es auch nicht ohne ständiges Korrigieren oder Nach- und Feinjustieren, weder im beruflichen noch im privaten Leben. Seneca beschreibt die Kunst des Korrigierens mit folgenden Worten: »Nachgiebig müssen wir uns auch darin zeigen, dass wir uns nicht zu starr an einmal getroffene Entscheidungen binden; fügen wir uns in das, was uns das Geschick bringt, fürchten wir uns nicht vor einer Veränderung unserer Pläne oder unserer Lage.« Für die Stoiker geht es in jedem Augenblick des Lebens darum, unsere innere Haltung an die äußeren Umstände anzupassen und aufmerksam zu bleiben, ob wir nicht doch etwas verändern können.

Sich und das eigene Leben nicht entwerten

Verwechseln wir ein gutes Leben mit einem perfekten Leben, laufen wir Gefahr, ständig darüber nachzudenken, was uns zum vollkommenen Glück noch fehlt. Nicht zuletzt verlieren wir dadurch unsere Wertschätzung für all das, was wir bereits haben. Damit entwerten wir allerdings nicht nur die Dinge und Personen um uns herum, sondern wir erleben die Wertlosigkeit letztlich auch in uns. Wenn Sie merken, dass Ihr innerer Drang nach Perfektion überhand nimmt, denken Sie an die folgenden Worte von Marc Aurel: »Nicht an abwesende Dinge denken, als ob sie schon da wären, sondern unter den vorhandenen die besten auswählen und sich bei ihnen daran erinnern, wie heftig man nach ihnen verlangen würde, wenn sie nicht da wären.«

Wenn andere Fehler machen

Die Stoiker empfehlen, die Fehler anderer einfach zu ignorieren. Ärger, Streit und Provokationen sind für sie Angebote, die wir auch ablehnen können. Wir müssen nicht über jedes Stöckchen springen, das man uns hinhält. Denn psychologisch betrachtet übernehmen wir damit Verantwortung für etwas, das uns gar nichts angeht. »Den Fehler eines anderen muss man dort lassen, wo er ist«, schreibt Marc Aurel.

IMPULS: WAS WÄRE WENN …

- Setzen Sie sich an einen ruhigen Platz und schreiben Sie alles auf, was Ihnen wirklich etwas bedeutet – Partner, Familie, Kinder, Freunde, Beruf, Kollegen, aber auch Gegenstände, die Ihnen wichtig sind.
- Nun stellen Sie sich vor, dass Sie all das verlieren. Sie müssen ohne diese Gegenstände leben und all die geschätzten Menschen verschwinden aus Ihrem Leben. Was würden Sie vermissen, wenn das so wäre? Vermutlich ist das eine ziemlich schreckliche Vorstellung. Sie können es aber auch noch weiter treiben.
- Malen Sie sich aus, Sie müssten auf Ihre Arme und auch auf Ihre Beine verzichten. Wie würde Ihr Leben aussehen, wenn Sie nicht mehr wie gewohnt laufen und zupacken könnten?

Machen Sie diese Übung, wenn Sie unzufrieden mit sich oder Ihren Mitmenschen sind. Immer wenn Sie glauben, nicht genug erreicht, geschafft oder gemacht zu haben, konzentrieren Sie sich auf das, was Sie haben und was Ihnen fehlen würde, wenn es nicht mehr da wäre.

Es gibt aber auch noch einen anderen Weg, mit dem Verhalten anderer umzugehen: Wir können das, was uns ärgert, benennen, ohne es ihnen vorzuwerfen. Auf diese Weise gehen wir konstruktiv mit Konflikten um, und müssen uns nicht unnötig darüber aufregen. In den Worten von Marc Aurel gesprochen:

»Den Irrenden belehre mit Wohlwollen und zeige ihm seinen Fehler. Kannst du das aber nicht, so klage dich selber an, oder auch nicht einmal dich selber!«

Auch wenn andere Menschen um uns herum unfreundlich sind oder schlechte Laune verbreiten, müssen wir uns davon nicht anstecken lassen. Überhaupt gilt in vielen Situationen, in denen wir uns über unser Umfeld aufregen, die Devise von Marc Aurel: »Die beste Art sich zu wehren ist, nicht Gleiches mit Gleichem zu vergelten.« Nur weil unser Gegenüber schlecht gelaunt ist oder in einem abschätzigen Ton zu uns spricht, müssen wir ihm nicht auf die gleiche Weise begegnen.

Positive Gefühle und Stimmungen nutzen

Außer Ärger über andere hindern uns auch weitere negative Gefühle wie Angst oder Selbstzweifel an einem glücklichen und zufriedenen Leben. Konzentrieren Sie sich deshalb auf Ihre Stärken und auf angenehme Gefühle.

- **Die Erinnerung zu Hilfe rufen:** Erinnern Sie sich an Erlebnisse aus der Vergangenheit, in denen Sie größere Aufgaben bereits bewältigt und gemeistert haben. Spüren Sie die positiven Gefühle, die Sie dabei erlebt haben. Lassen Sie sich von Marc Aurel daran erinnern, wie viel Gutes in Ihnen steckt: »Wie viel Schönes hast du schon gesehen, wie viel Freuden der Sinne, und wie viel Leiden verachtet, wie viel Eitelkeiten übersehen, gegen wie viel lieblose Menschen dich liebevoll erwiesen!«
- **Sich von außen selbst beeinflussen:** Positive Gefühle können Sie auch bewusst hervorrufen. Michelle Obama zum Beispiel brachte sich vor manchen Auftritten als First Lady mit

anregender Musik in die richtige Stimmung. Auch Auspowern beim Sport oder die Auszeit bei einer Massage können unser emotionales Gleichgewicht wiederherstellen. »Man kann im Freien Spaziergänge machen, dass sich der Geist unter offenem Himmel und in der frischen Luft stärkt und erhebt. Ein andermal wird eine Spazierfahrt, eine Reise, eine Ortsveränderung uns wieder neu beleben oder ein geselliges Mahl und ein etwas tieferer Blick ins Glas«, empfiehlt Seneca.

Lieber öfter lachen, als dauernd jammern

Unter den Stoikern war eine Anekdote sehr beliebt, in der zwei antike Philosophen gegenübergestellt werden, der weinende Heraklit und der lachende Demokrit. Dazu schreibt Seneca: »Heraklit vergoss Tränen, wann immer er in der Öffentlichkeit war, Demokrit dagegen lachte. Der eine sah nur eine Parade des Elends, der andere sah nur Torheit. Auch wir sollten leichtherziger an die Dinge herangehen und sie mit frohem Mute ertragen, denn es ist menschlicher, über das Leben zu lachen, als stets zu wehklagen.« Die Stoiker betrachten das ganze Weltgeschehen als ein Schauspiel. Auch uns würde es guttun, wenn wir nicht immer alles so ernst nehmen, was in unserem Leben passiert. Wenn etwas schief geht, ist das der beste Beweis dafür, dass unser Leben nicht langweilig ist. Immer wenn wir etwas anderes erwartet haben, sollten wir darauf am besten mit einem Lachen antworten. Sollte uns das Lachen einmal vergehen, ist auch das kein Grund aufzugeben. »Auch Hartes kann erweicht, Enges erweitert, Schweres erleichtert werden, wenn man es zu tragen weiß«, schreibt Seneca.

Bloß nicht vergleichen

Ein Garant für Unglück: sich permanent mit anderen zu vergleichen. Tun Sie es so wenig wie möglich. Auch wenn es verlockend erscheint, am Ende erwarten uns vor allem negative Gefühle wie Unzufriedenheit, Neid und Schmerz sowie innere Unruhe. Viel besser bekommt es Ihnen, wenn Sie sich mit sich selbst vergleichen. Erinnern Sie sich daran, wie Sie vor fünf oder zehn Jahren waren, und würdigen Sie die positiven Entwicklungsschritte, die Sie bis heute gemacht haben. Seien Sie sich selbst genug. »Versuche einmal, wie dir das Leben eines guten Menschen bekommt, der mit dem zufrieden ist, was ihm vom Weltganzen zugeteilt worden ist, und mit dem eigenen gerechten Handeln und mit seiner eigenen wohlwollenden Gesinnung sein Auskommen findet«, empfiehlt uns Marc Aurel.

Umgang mit dem, was wehtut

Auch wenn wir lernen, das Positive im Leben zu sehen, Humor haben und uns selbst genügen – wir alle haben Risse, Schwachstellen und Lücken in unserem Lebenslauf. Kein Leben verläuft immer geradlinig, und auch ein gutes Leben gibt es nicht ohne Verletzungen. Die Stoiker fordern uns dazu auf, gerade darin das Schöne zu sehen: »So bekommen zum Beispiel einige Teile des Brotes beim Backen Risse, und diese Zwischenräume, die gewissermaßen im Widerspruch zum Vorhaben des Brotbackens stehen, fallen irgendwie ins Auge und erhöhen eigenartigerweise die Lust auf den Verzehr. Auch die Feigen platzen, wenn sie ganz reif sind, auf. Und bei den voll ausgereiften Oliven verleiht der Zustand unmittelbar vor der Fäulnis der Frucht eine eigentümliche Schönheit«, notiert Marc Aurel. Er erinnert uns damit daran, dass wir unseren Wunden, Verletzungen und Narben auch etwas Gutes abgewinnen können. Schauen Sie also mit Wertschätzung auf die Brüche Ihres Lebens. Entdecken Sie die Schönheit darin und verzeihen Sie dem Leben, dass alles vergänglich und nichts perfekt ist. Denken Sie an die folgenden Worte von Marc Aurel, wenn Sie das nächste Mal mit den Rissen Ihrer Vergangenheit hadern: »Durchlaufe diese kurze Zeitspanne in Einklang mit der Natur, und erreiche deine letzte Ruhestätte in Würde, so, wie die reife Olive, die vom Baum fällt und die Erde preist, die sie ernährt hat, und dem Baum dankbar ist, der sie wachsen ließ.« Womit wir wieder beim »Sterben Lernen« angelangt sind.

Der Kreis schließt sich

Gerade aus der bewussten Auseinandersetzung mit der Vergänglichkeit entsteht eine gelassene Heiterkeit, und wir stärken unsere Fähigkeit, das Leben zu genießen. Denn so lernen wir, alles, was uns widerfährt – auch das Sterben und den Tod – anzunehmen und zu lieben. Ganz so, wie es die Stoiker lehren. »Amor fati« oder auf Deutsch »Liebe zum Schicksal« ist ein Begriff, der von Friedrich Nietzsche stammt und der die unerschütterlich optimistische Weltsicht der Stoiker auf den Punkt bringt. Es geht um eine dynamische Geisteshaltung, bei der wir alles, was uns passiert und begegnet, bejahen und willkommen heißen. Verhaltenstherapeuten sprechen auch von radikaler Akzeptanz. Die höchste Form der stoischen Schicksalsliebe bedeutet, alles zu lieben, egal, ob es gut oder schlecht für uns ist.

AUF EINEN BLICK: LEICHTIGKEIT

- **Der Tod ist ein offenes Ende.** Es ist nicht von Bedeutung, ob wir danach weiterleben oder aufhören zu existieren. Erst wenn wir jede Erwartung und Vorstellung darüber loslassen, freunden wir uns mit unserer Endlichkeit an.

- **Abschied von Gewissheiten.** »Sterben lernen« bedeutet, dass wir uns auf die letzte Ungewissheit im Leben vorbereiten und den eigenen Tod lieben lernen. Damit üben wir uns gleichzeitig in einem dynamischen Umgang mit Ungewissheiten und Veränderungen im Leben. Sterben lernen heißt daher auch, liebgewonnene Vorstellungen und Erwartungen zu verabschieden.

- **Wir sind nicht für alles verantwortlich.** Unser ganzes Leben hängt sehr viel mehr von Zufällen und äußeren Faktoren ab, als wir glauben wollen. Diese Einsicht wirkt entlastend. Wenn wir denken, wir wären allein für alles verantwortlich, machen wir uns das Leben unnötig schwer – nehmen es zu ernst und uns selbst zu wichtig.

- **Es gibt keinen idealen Selbst- und Lebensentwurf.** Die Vorstellung von einem perfekten Ich und einem perfekten Plan fürs Leben macht unzufrieden und behindert unsere Entwicklung. Ein dynamisches Selbstbild fördert die Liebe zum Schicksal und die Heiterkeit im Herzen.

GLOSSAR

Sokrates (ca. 470–399 v. Chr.)
... ist in Athen geboren. Er lebte im goldenen Zeitalter der griechischen Demokratie und gilt als wichtigstes Vorbild für die Stoiker. Sokrates nannte seine Methode eine »Hebammenkunst«, die der Wahrheit zur Geburt verhelfen solle. Seine Philosophie wurde in erster Linie von seinem Schüler Platon in Form von Dialogen aufgeschrieben. Sokrates selbst hat keine Schriften verfasst. Auf dem Marktplatz und in den Straßen von Athen verwickelte er seine Mitmenschen immer wieder in Gespräche, indem er sie mit Fragen provozierte, bis sie sich selbst widersprachen. Im Jahr 399 v. Chr. wurde Sokrates in Athen wegen Gotteslästerung und Anstiftung der Jugend zu schädlichem Denken angeklagt und dazu verurteilt, sich selbst zu töten. Am Tag seiner Hinrichtung versammelten sich seine Schüler ein letztes Mal um ihn. Sie philosophierten gemeinsam über den Tod und das Sterben. Dann trank Sokrates das Schierlingsgift und starb.

Zenon von Kition (ca. 333–261 v. Chr.)
... stammte aus dem Königreich Kition auf der Mittelmeerinsel Zypern. Der Legende nach erlitt Zenon ein Schiffsunglück, woraufhin er all sein Hab und Gut verlor und sich der Philosophie widmete. Tatsächlich soll er aber bereits in seiner Jugend die platonischen Dialoge gelesen haben. Als Sohn eines wohlhabenden Kaufmanns reiste er schließlich nach Athen und begründete um 300 v. Chr. die Schule der Stoa. Angeblich verfasste er über 20 Schriften, von denen heute keine mehr erhalten ist. Laut dem berühmten Biografen Diogenes Laertius starb Zenon durch Suizid.

Chrysippos von Soloi (ca. 280–206 v. Chr.)

… (auch Chrysipp) ist in der Hafenstadt Soloi in Kilikien geboren, im östlichen Teil der heutigen Türkei. Er studierte zunächst in Platons Akademie und wandte sich erst später der Stoa zu. Als Verfasser von über 700 Schriften hat er die Lehre der Stoa grundlegend systematisiert. Der Legende nach sind sie alle in der Bibliothek von Alexandria verbrannt. Chrysipp war Schuloberhaupt und gilt als einer der wichtigsten Stoiker im antiken Griechenland. Von manchen wurde er auch der »Zweite Begründer« der Stoa genannt.

Cato der Jüngere (ca. 95–46 v. Chr.)

… stammte aus Rom. Als Feldherr und einflussreicher Politiker war er ein Verteidiger der Römischen Republik und zugleich ein glühender Anhänger der stoischen Philosophie. In einer Zeit, in der Korruption zur Normalität geworden war, stand er für Unbestechlichkeit und moralische Werte wie Selbstbeherrschung und Beharrlichkeit. Gemeinsam mit dem römischen Staatsmann, Philosophen und Redner Cicero versuchte Cato, Caesars Alleinherrschaft zu verhindern. Doch die politische und militärische Macht des römischen Senats schwand zusehends und ihre diplomatischen Bemühungen scheiterten. Als Caesar 49 v. Chr. den Fluss Rubikon überschritt und in Richtung Rom marschierte, löste er einen blutigen Bürgerkrieg aus. Cato flüchtete nach Griechenland und Afrika, um von dort aus mehrere Jahre Widerstand gegen Caesars Truppen zu leisten. Nach einer verheerenden Niederlage in Utica nahm er sich das Leben.

Die Philosophie der Stoa zieht sich wie ein roter Faden durch Catos Lebensweise. Manchmal kleidete er sich bewusst ärmlich, oder aber er lief bei Hitze und Regen ohne Kopfbedeckung und barfuß durch die Straßen. Für Cato waren dies Übungen in stoischer Demut. Aufgrund seines besonders brutalen und tapferen Suizides mit dem Schwert wurde er zum Helden und Vorbild der römischen Aristokratie.

Lucius Annaeus Seneca (ca. 4 v. Chr. – 65 n. Chr.)

… wurde in der südspanischen Provinz Córdoba geboren, die zum Römischen Reich gehörte. Schon als Kind litt Seneca unter Asthmaanfällen und verbrachte mehrere Jahre in Ägypten, um sich von seinem Lungenleiden zu erholen. Danach begann er trotz gesundheitlicher Probleme seine erfolgreiche Karriere als öffentlicher Redner und Politiker in Rom. Im Alter von 45 Jahren wurde er auf Betreiben von Kaiserin Messalina für mehrere Jahre nach Korsika verbannt. 49 n. Chr. riefen Kaiser Claudius und seine vierte Frau Agrippina ihn zurück nach Rom, um ihn mit der Erziehung des Prinzen Nero zu beauftragen. Als einflussreicher Staatsmann, erfolgreicher Redner und philosophischer Berater des römischen Kaisers Nero wurde Seneca daraufhin zu einem der meistgelesenen Schriftsteller seiner Zeit. Zu seinen wichtigsten Schriften gehören »Vom glücklichen Leben«, »Von der Kürze des Lebens« »Von der Ruhe des Gemüts« und die »Briefe an Lucilius«.
Als Senecas Einfluss zusehends schwand, bot er Nero seinen Rücktritt an. 62 n. Chr. zog er sich zurück und verzichtete auf große Teile seines Reichtums. Nach Aufdeckung der Pisonischen Verschwörung im Jahr 65 n. Chr. wurde Seneca von Nero zum Tod verurteilt. Er konnte sich entscheiden zwischen Suizid oder Tod durch die kaiserlichen Vollstrecker. Wie Sokrates kam

er der kaiserlichen Empfehlung nach und nahm sein Schicksal ohne Widerstand an. Er legte sich in eine Badewanne und schnitt sich die Pulsadern auf. Im Gemälde »Der sterbende Seneca« hat der flämische Maler Rubens diese Szene festgehalten.

Musonius Rufus (ca. 30–101 n. Chr.)

… ist in Volsinii geboren, im heutigen Bolsena (Italien). Er gilt als römischer Sokrates und war der Lehrer von Epiktet. Musonius Rufus hat selbst nichts aufgeschrieben, einige seiner Gedanken sind aber durch seinen Schüler Lucius überliefert. Unter verschiedenen Kaisern musste Musonius Rufus insgesamt dreimal ins Exil, eine Strafe, die schlimmer angesehen war als der Tod. Als der Senator und Stoiker Plautus von Kaiser Nero zum Tode verurteilt wurde, riet ihm Rufus von einer Flucht ab. Er solle sein Schicksal und den eigenen Tod geduldig akzeptieren.

Epiktet (ca. 55–135 n. Chr.)

… wurde als Sklave in Hirapolis, in der heutigen Türkei geboren. Übersetzt heißt sein Name »Eigentum« oder »das, was erworben wurde«. Schon als Jugendlicher durfte er dem Unterricht von Musonius Rufus beiwohnen.

Nach seiner Freilassung begann Epiktet sehr bald mit seiner Lehrtätigkeit und eröffnete seine eigene stoische Schule in Rom. Im Jahr 89 n. Chr. wurde er unter Kaiser Domitian aus Italien verbannt, woraufhin er eine neue Schule in der griechischen Stadt Nikopolis gründete. Dort lehrte er unter großem Zulauf bis zu seinem Tod.

Epiktet hat selbst nichts aufgeschrieben. Seine wichtigsten Schriften, das »Handbüchlein« und die »Lehr-

gespräche«, sind von seinem Schüler Arrian festgehalten und niedergeschrieben worden. Epiktet hatte ein verkrüppeltes Bein und soll ein einfaches Leben geführt haben.
Im Mittelalter wurde sein »Handbüchlein« von den Christen leicht überarbeitet und als Ratgeber für christliche Lebensführung ausgegeben. Wichtige Zitate der Stoiker wurden einfach Jesus zugeschrieben. Das Werk stand damals in jeder Klosterbibliothek.

Hierokles (2. Jahrhundert n. Chr.)

… lebte in der Regierungszeit von Kaiser Hadrian (117–138 n. Chr.). Über das Leben des Stoikers Hierokles ist nicht viel bekannt. Auch von seinen Ausführungen zur stoischen Ethik sind nur Teile auf Papyrus erhalten. Darin schreibt er unter anderem, dass jeder Mensch über verschiedene Kreise mit seinem Umfeld und schließlich mit allen Menschen verbunden ist. Mit dieser Vorstellung steht er in der Tradition des stoischen Weltbürgertums.

Marc Aurel (121–180 n. Chr.)

… wurde in eine angesehene römische Senatorenfamilie hineingeboren. Schon als Jugendlicher soll er mit den Überlieferungen von Epiktet in Berührung gekommen sein. Marc Aurel setzte sich für Mütter und Sklaven ein, er gründete Schulen, Waisen- und Krankenhäuser. Von 140 bis 145 wurde er in Rom zum Konsul berufen, ab 161 regierte Marc Aurel dann als Kaiser das Römische Reich.
Der Philosophen-Kaiser zählt zu den bekanntesten Herrschern des Imperiums und die römische Hochkultur erreichte unter ihm ihre größte Blüte. Er war bekannt für seine Milde und ließ die Christen in

seinem Reich gewähren, solange sie ihren Glauben privat auslebten.
Marc Aurels Regierungszeit war geprägt von Missernten, Erdbeben und Pestepidemien. Als Princeps und Nachfolger seines Adoptivvaters Antonius Pius nannte er sich selbst Marcus Aurelius Antonius Augustus. Die sogenannte Pockenpest (165–189 n. Chr.) wurde nach ihm benannt und ging als »Antoninische Pest« in die Geschichte ein. Außerdem sah Marc Aurel sich gezwungen, in zahlreichen Kriegen die Grenzen des Römischen Reiches zu verteidigen.
Seine »Selbstbetrachtungen« zählen heute zu den meistgelesenen Werken der antiken Literatur. Entstanden sind sie im Feldlager, mitten im Krieg gegen die Germanen. Sie erinnern an Tagebucheinträge und waren niemals zur Veröffentlichung bestimmt. Immer wieder ruft Marc Aurel sich selbst darin zu vernunftgeleitetem Handeln, Bescheidenheit, Gerechtigkeit und Humanität, Selbstdisziplin und Gelassenheit auf.
Als Marc Aurel im Jahr 180 an der Pest erkrankte, legte er sich nieder und wartete mit stoischer Ruhe auf den Tod. Er starb am 17. März 180 in Vindobona, dem heutigen Wien. Seine Grundsätze haben viele Staatslenker nach ihm inspiriert, von Friedrich II. von Preußen über Helmut Schmidt bis zu Bill Clinton.

BÜCHER UND ADRESSEN

Dobelli, Rolf: Die Kunst des guten Lebens. 52 überraschende Wege zum Glück

Holiday, Ryan: Der tägliche Stoiker. 366 nachdenkliche Betrachtungen über Weisheit, Beharrlichkeit und Lebensstil

Holiday, Ryan: Das Leben der Stoiker. Lektionen über die Kunst des Lebens von Mark Aurel bis Zenon

Pigliucci, Massimo: Die Weisheit der Stoiker. Ein philosophischer Leitfaden für stürmische Zeiten

Robertson, Donald: Denke wie ein römischer Kaiser. Die Philosophie des Mark Aurel

Schriefl, Anna: Stoische Philosophie. Eine Einführung

Originalwerke der Stoiker

Seneca:
- Vom glücklichen Leben
- Von der Kürze des Lebens
- Von der Ruhe des Gemüts
- Von der Vorsehung
- Von der Muße
- Briefe an Lucilius

Epiktet:
- Handbüchlein der Moral
- Lehrgespräche (Aufzeichnungen seines Schülers Arrian)

Marc Aurel:
- Selbstbetrachtungen

Adressen

www.theschooloflife.com/berlin/
bietet Workshops, Vorträge und Videos zur persönlichen und beruflichen Zufriedenheit

https://dailystoic.com
(englischsprachig) Einführung in den Stoizismus und Übungen für den Alltag

DER AUTOR

Dr. Jörg Bernardy, hat in Köln, Paris und Düsseldorf Philosophie und Literaturwissenschaften studiert und anschließend in Philosophie promoviert. An der Hochschule für Gestaltung Karlsruhe arbeitete er mit renommierten Autoren und Professoren zusammen, unter anderem mit Peter Sloterdijk. Anschließend war er mehrere Jahre für DIE ZEIT tätig, heute arbeitet er unter anderem für die »School of Life, Berlin« und für »Psychologie heute«. Seine Leidenschaft ist es, Philosophie auch für Laien zugänglich zu machen. Er lebt als freier Autor und Speaker in Hamburg und hat schon mehrere erfolgreiche Bücher geschrieben.

IMPRESSUM

GU ist eine eingetragene Marke der GRÄFE UND UNZER VERLAG GmbH, www.gu.de

ISBN 978-3-8338-7764-3

1. Auflage 2021

Projektleitung: Reinhard Brendli
Lektorat: Ulrike Auras
Umschlaggestaltung: ki36
Layout: independent Medien-Design, Horst Moser, München
Herstellung: Markus Plötz
Satz: Uhl + Massopust, Aalen
Druck und Bindung: DZS, Slowenien

Bildnachweis

Illustrationen: Dmitri Broido
(Fotos: Adobe Stock)
Autorenfoto: Max Baier

Syndication:
www.seasons.agency

Umwelthinweis

Dieses Buch ist auf PEFC-zertifiziertem Papier aus nachhaltiger Waldwirtschaft gedruckt.

QUALITÄTS GARANTIE

LIEBE LESERINNEN UND LESER,

wir wollen Ihnen mit diesem Buch Informationen und Anregungen geben, um Ihnen das Leben zu erleichtern oder Sie zu inspirieren, Neues auszuprobieren. Wir achten bei der Erstellung unserer Bücher auf Aktualität und stellen höchste Ansprüche an Inhalt und Gestaltung. Alle Anleitungen und Rezepte werden von unseren Autoren, jeweils Experten auf ihren Gebieten, gewissenhaft erstellt und von unseren Redakteuren/innen mit größter Sorgfalt ausgewählt und geprüft.

Haben wir Ihre Erwartungen erfüllt? Sind Sie mit diesem Buch und seinen Inhalten zufrieden? Wir freuen uns auf Ihre Rückmeldung. Und wir freuen uns, wenn Sie diesen Titel weiterempfehlen, in Ihrem Freundeskreis oder bei Ihrem online-Kauf.

Sollten wir Ihre Erwartungen so gar nicht erfüllt haben, tauschen wir Ihnen Ihr Buch jederzeit gegen ein gleichwertiges zum gleichen oder ähnlichen Thema um.

KONTAKT ZUM LESERSERVICE

GRÄFE UND UNZER VERLAG
Grillparzerstraße 12
81675 München
www.gu.de

GRÄFE UND UNZER

Ein Unternehmen der
GANSKE VERLAGSGRUPPE

www.facebook.com/gu.verlag